Mein Dank geht an meinen Mann, meine Familie und meine Freundin Ilona, die mich immer unterstützt haben. Sie haben sich meine Gedichte angehört und mir durch ihre Begeisterung viel Motivation gegeben.

An meine Freundinnen Gudrun und Beate, die auf ihre ganz besondere Weise ein großes Stück zur Verwirklichung dieses Buchs beigetragen haben.

An Claudia, die mir immer wieder Mut machte und Korrektur gelesen hat.

An Herbert, der mir mit der Technik unheimlich viel geholfen und viel Geduld und Know-how beim Erstellen des Buches bewiesen hat.

An Serge D., „Dem Unbequemen". Ein hervorragender Sonettschreiber, von dem ich sehr viel lernen durfte.

An Wolfgang, der meinem Coverbild den richtigen Rahmen gegeben hat.

Meinen Eltern, durch die ich bin, wie ich bin.

Und nicht zuletzt an alle, die mir durch positive, aber auch negative Kritik den Weg zeigten.

Alles hat seinen Sinn.

Mit dem Kopf im Regenbogen

Patrizia Müller

Gedichte

Bibliografische Information der Deutschen Nationalbibliothek:
Die Deutsche Nationalbibliothek verzeichnet diese
Publikation in der Deutschen Nationalbibliografie; detaillierte
bibliografische Daten sind im Internet über dnb.dnb.de
abrufbar

© 2021 Patrizia Müller
Herstellung und Verlag:
BoD - Books on Demand, Norderstedt

ISBN: 978-37-5432-777-7

1. Kapitel

Die Farbe Gelb

Ghasel:
Dem Lichte zu

Den Menschen, die es lieben schwarz zu sehen,
die ständig mies gelaunt durchs Leben gehen,
wird nie die Sonne warm ins Herze scheinen,
weil ihre Schatten stets im Wege stehen.
Sie möchten gern Probleme zelebrieren,
das Mitleid anderer für sich erflehen,
weil es das Schicksal schlecht mit ihnen meine,
die kalten Winde stets entgegenwehen.
Dabei sind sie es, die dem hellen Lichte
nur vehement und stur den Rücken drehen.
Und jedes Lachen stirbt durch ihren Anblick.
Das Glück muss man betrachten wie ein Lehen,
es wird im Pessimismus traurig enden,
wenn man verlernt zu fühlen und zu sehen,
den Zauber kleinen Glückes zu genießen,
die Wunder in der Einfachheit verstehen.

In Gedenken an Friedrich Rückert

Der Duft des Sommerwinds

Der Sommerwind trägt einen milden Duft.
Ich meine fast es riecht nach Pinienzapfen -
ein Hauch vom Oleander aus den Töpfen?
So ein Aroma liegt heut in der Luft.

Ich träume mich ins Inselparadies
und spüre weichen Sand zwischen den Zehen.
Kann Wellenschaum auf rosa Muscheln sehen,
in Farbenvielfalt glitzert bunter Kies.

Den schönsten Stein aus diesem Wassergrab,
will ich der nächsten Welle schnell stibitzen
und in die harte Oberfläche ritzen,
den Tag, an dem ich ihn gefunden hab.

So kann ich, wenn die Tage grauer sind,
den Kieselstein in meinen Händen streicheln.
Sein raues Rund wird meiner Seele schmeicheln,
erzählen mir von Sonne, Meer und Wind.

Sommerlyrik

Des Sommers warme Tage kehren wieder
und fröhlich singen Amseln ihre Lieder.
Verblüht ist lange schon der Maienflieder
und rege werden alle müden Glieder.

Ich atme tief den Duft der lauen Nacht,
bewundere der Sternenlichter Pracht.
Wie königlich der Mond die Welt bewacht -
so leicht wird mir ums Herz, die Seele lacht.

Mein Dichterherz kann poesievoll schwelgen
im Blütenduft von Rosen - Kissennelken.
Vergessen ist nun alles triste Welken,
jetzt klettern Bougainvilleen in Gebälken.

Mir wird ganz mystisch durch den süßen Duft.
Ein Hauch von Poesie liegt in der Luft.
Ein Traum erwacht, da Oberon der Schuft
Verlockungen verflicht und Kräfte ruft.

'S ist ein Gemälde farbenfroh entstanden.
Ich fange an Gedanken zu umranden,
mit Blütenflor und Lampion-Girlanden
und tausend Tautropfen wie Diamanten.

Es zeigt sich mir ein traumumwirktes Bild,
wo warmes Licht das Dunkelgrün erhellt.
Im Wald wo silbern klares Wasser quellt,
dort sehe ich Titania schön und wild.

Die Glühwürmchen, die freudig zu ihr blinken,
die Elfen, die mit Silberflügeln winken,
laden mich ein vom Silberkelch zu trinken.
Der Met aus Honig lässt in Schlaf mich sinken.

Und bin ich dann erwacht aus meinem Traum,
die Morgensonne greift schon nach dem Saum
des Nachtkleides vom Himmel, schafft sich Raum,
find ich mich wieder unterm Hollerbaum.

Ein Kinderspiel?

Sie sitzt so wie an jedem Wochentag,
am Spielplatz auf dem angestammten Platze.
Das, was sie unter anderem hier mag,
ist diese kunterbunte Schaukelkatze.

Man setzt sich drauf und mit viel Kraft und
Schwung,
kann man bis in den Himmel hoch sich schaukeln
und fühlt sich wie der Frühling frisch und jung,
lässt Wackelbilder vor den Augen gaukeln;

oder man sitzt nur da, schaut einfach zu,
wie all die Kinder miteinander spielen.
Beim „Fangen" spielen oder „Blinde Kuh",
tut Liese frech in ihre Richtung schielen.

Wie gerne würde sie ein einzges Mal
Kai-Uwes Sandschaufel sich, schwuppdi, schnappen,
so wie er sie der kleinen Liese stahl,
doch ließe **Sie** sich nicht dabei ertappen.

Sie würde ihm schon zeigen, wie das geht,
'ne eins A Sandburg würde sie dann bauen,
mit Türmen, einem Windrad, das sich dreht,
dann würden alle Kinder staunend schauen.

Doch sie bleibt sitzen, traut sich einfach nicht.
- Am Ende würden alle Kinder lachen.
Zu alt fühlt sie sich zwar noch lange nicht,
doch kann man das als Oma nicht mehr machen.

Die Kirchenuhr schlägt sechs, die Meute geht.
Sie nimmt den Schirm um sich darauf zu stützen,
sie braucht ein Weilchen, bis sie aufrecht steht.
Was solls, das Jammern tat noch keinem nützen.

Sie wird auch morgen wieder unter Bäumen,
an dem ihr angestammten Platze träumen.

Die alten Lieder

Im Hinterkopf klingen mir leise Lieder,
vom Schwalbenpaar im Nest unter dem Dach.
Vom Flüsterquell im klar springenden Bach.
Die Tage kehren leider nicht mehr wieder.

Wie gerne lauschte ich der Großmama.
So Schönes prophezeiten Wort und Klang
und irgendetwas Positives drang
mir tief ins Herz und saß ganz wurzelnah.

Ich spüre grade jetzt in diesen Zeiten,
das Lauschen ihrer Stimme täte gut.
Sie spendete mir immer Kraft und Mut
und konnte mich aus tiefsten Tiefen leiten.

Ein Herz voll Hoffnung kann so viel vollbringen,
drum werd' ich nun für meine Kinder singen.

Anmerkung der Autorin:
Meine Großmutter konnte trotz ihres schweren
Lebens immer etwas Positives in allem finden.
Das hat sie mir vererbt und dafür bin ich sehr
dankbar.

Himmelsversprechen

Der Himmel trägt ein Sonnenstrahlenkleid,
gestreift aus graumeliert und blau.
Wenn ich zu ihm nach oben schau,
scheints mir, als wäre es ein Treueeid.

Es ist als ob er mir versprechen möchte,
dass kalte Winde weiterziehn,
weit in den Norden uns entfliehn,
dass er mir schickt bald sommerlaue Nächte.

Sein Trost für Wolken, Wind und Regen:
Er schickt mir abends goldnes Licht
auf rosa knospendem Gedicht.
Vorfreude auf warme Sommermorgen.

Als flüsterte er sanft mir in mein Ohr:
„Musst dich nicht mehr lang gedulden,
Frostnächte nicht mehr erdulden.
Der Sommer kehrt zurück mit Blütenflor!"

Abendgold

Am Abend geht die Sonne golden unter,
sie nimmt die Sorgen meines Tages mit.
So wach ich morgens auf ganz fit und munter,
des Mondes Silber hinter Wolken tritt.

Nimmt sie die Sorgen meines Tages mit,
so kann ich tiefer und entspannter schlafen.
Des Mondes Silber hinter Wolken tritt,
mein Traumboot gleitet in den sich'ren Hafen.

So kann ich tiefer und entspannter schlafen.
Mein Geist schwebt schwerelos im Nichts.
Das Traumschiff gleitet in den sich'ren Hafen.
Erwache mit dem Strahl des Morgenlichts.

Mein Geist schwebt schwerelos im Nichts,
so wach ich morgens auf ganz fit und munter.
erwache mit dem Strahl des Morgenlichts
und abends geht die Sonne golden unter.

Von Grau zu Bunt

Ich weiß nicht, was mein Herz bewegt,
warum es diese Trauer hegt,
ein graues Tuch sich um mich legt,
kein Lachen meinen Mund bewegt.

Es macht sich diese Leere breit,
sie lässt mir wieder keine Zeit
und wieder mal ist es soweit,
dass in mir drinnen alles schreit:

Mach auf!
Hier bin ich nicht zuhaus!
Mach auf,
lass mich ins Licht hinaus!
Das öde Grau tagein, tagaus,
ertrag ich nicht, ich nehm Reißaus!

Streck mein Gesicht zur Sonne und
trag innen, außen wieder bunt!

Alte Zöpfe

Ich bin nicht schwarz, ich bin nicht weiß.
Ich bin nicht laut und auch nicht leis.
Mag zwar kein Grau, bin lieber bunt.
Es gibt auch Ecken, die sind rund.

Ich will nicht alles schlicht erklären,
und höre nicht auf seichte Lehren.
Nichts über einen Kamm ich scher,
doch denke ich auch gern mal quer.

Es gibt die Guten und die Schlechten,
in allen Formen, allen Mächten.
Ich überlege mir genau:

Wohin ich gehe, wem ich trau.
Ich such Nuancen himmelblau.
Mag nicht an alten Zöpfen flechten.

Ich werd zum Troll

Ich bin kein Zauberer, kein Bringer
und auch kein Urdrachenbezwinger.
Ich bin kein Eilzug und auch keine Lok,
wenn mir die Zeit fehlt, hab ich keinen Bock!

Ich lasse mich nicht sinnlos hetzen,
sogar der Kaffee muss sich einmal setzen.
Ein guter Tee braucht seine Zeit.
Wer immer hudelt, bringts nicht weit!

Man kann die Muse nicht erzwingen,
mit Ungeduld kein Werk vollbringen
und hetzt du mich, werd ich zum Troll!
Hab dann erst recht die Nase voll!

Denn meine Fantasie hat Flügel
und läuft nicht brav am strengen Zügel.

Musenzickerei

Wie lange soll ich mich denn noch gedulden?
Verzweifelt sitze ich vor leerem Blatt.
Hältst dich versteckt in Löchern oder Mulden,
ich hab die Sucherei jetzt langsam satt.

Ich hör im Geiste schon dein freches Lachen.
Mein Elend amüsiert dich ganz feudal.
Was soll ein Dichter ohne Muse machen?
Was bleibt ihm in der Not für eine Wahl?

Nun suche ich dich schon seit vielen Wochen.
Sitzt schmollend du hinterm Holunderbusch?
Sag, wo hat dich der Hafer denn gestochen?
Komm endlich her und zeig dich! Los, husch, husch!

Mir reicht es jetzt mit dem Herumgezicke,
weil du mir neuerdings nicht hold sein willst.
Ich habe jedenfalls die Faxen dicke,
wenn du meine Bedürfnisse nicht stillst.

Wenn du der Meinung bist, du kannst mich necken,
dann werd ich mich in Zukunft vorsorglich,
nur für den Fall, du spielst weiter Verstecken,
schon einmal umsehn nach 'nem Muserich.

Denn Männer sind bekanntlich nicht so schwierig.
Sie sind nur manchmal aufdringlich und gierig
nach Musenküssen, jedoch ohne Muse.

Wetterfühlig

Mein Gemüt ist meist sonnig und heiter.
Dem Regen setzt es einen Regenbogen entgegen,
dem Wind trotzt es, tief verwurzelt,
und lässt bunte Drachen tanzen.
Wenn schwere Unwetter mit Donner und Blitz
auf es niederschlagen,
kann es durchaus passieren,
dass es sich bewölkt
und erst wieder strahlt,
wenn kein Tief mehr in der Nähe ist.

Mein Paraplü

Mein roter Taschenschirm schützt mich vor jedem Regen.
Wenn stürmisch-wild der Tag, ist er ein wahrer Segen.
Mit gold'nen Messingstangen, davon zehn,
trotzt er dem Wind, wird nicht zu Bruche gehn.

Man muss beim Aufspannen zwar einiges beachten,
doch kenn' ich meinen Paraplü und kann mit sachten
Handgriffen ihn entfalten; und sein Dach
ist knallig rot - nur leider etwas flach;

dafür stabil - und handwerklich nicht mehr zu toppen.
Mit diesem Teil kann man auch Bösewichte kloppen!
Mein Schirm ist noch von guter Qualität,
wie sie heut' nirgends mehr im Laden steht.

Wohl fünfzig Jahre hat er locker auf dem Buckel.
Zum Öffnen drück ich vorsichtig mit einem Ruckel.
Ich weiß genau, was Omas Erbstück braucht,
wie man ihn wieder klein zusammenstaucht.

Kein anderer darf diesen Schirm benutzen!
Wer's trotzdem wagt, dem werde ich die Flügel stutzen!
Er ist für mich von ideellem Wert,
drum möcht' ich nicht, dass ihm was widerfährt.

Er birgt für mich viel kostbare Erinnerungen,
die meiner damaligen Lehrzeit sind entsprungen.
Ein Schirmefachgeschäft gab's zu der Zeit,
doch solche Läden sind Vergangenheit.

Heut' produziert man nur noch diese Wegwerfschirme,
die taugen jedoch nicht für Wind und wilde Stürme,
nur für die Tonne, weil heut' Qualität
nicht mehr gefragt ist, nur der Rubel zählt.

Ich werde ihn noch lange ehrfurchtsvoll benutzen,
den schnörkeligen Messinggriff blitzsauber putzen,
mich gern erinnern an die alte Zeit
der Schirmemacher - der Beständigkeit.

Himmelwärts

Kleines Vögelchen
kämpfst dich nach oben, fliegst gegen den Wind
du Himmelskind.
Flatterst ganz wild mit deinen kleinen Flügelchen
damit du oben bleibst und zwitscherst lautstark,
wenn der Wind dich anbläst.
Die Sonne lächelt dir gnädig zu,
doch du bist stark und weißt genau,
irgendwann besiegst du den Wind,
fliegst hinauf um der Sonne Guten Tag zu sagen.
Ich stehe hier unten
bewundere deinen Mut,
nehme mir ein Beispiel daran
und lächle.

Du tust mir gut.

Trost

Ich schick dir helle Sonnenstrahlen,
auf dass sie wärmen dir dein Herz.
Sie soll'n dir Hoffnungsblumen malen
und lindern deinen größten Schmerz.

Ich möchte dir Gedanken schicken,
die deine Sinne dir erheben,
denn mit tränenschweren Lidern
trägt man allzu schwer am Leben.

Auch wenn es scheint, die Welt zerbricht
und dir grau sind alle Farben,
einst wird sie wieder hell und licht
und sie heilen, deine Narben.

Ferngesteuert

Sie laufen stocksteif wie die Zinnsoldaten,
mit sturem Blick, ohne sich umzudrehen.
Sie nehmen nichts mehr wahr vom Weltgeschehen.
So ähnlich, nein, viel dümmer als Primaten.

In ihren Köpfen wimmelt es von Daten
und ab und zu da bleiben sie mal stehen,
doch nur, um weiter auf den Screen zu sehen.
Fest eingelullt, sie riechen nicht den Braten.

Sind nicht Helden von Worten oder Taten,
sollte der Wind auch etwas stärker wehen,
sie werden unbehelligt weitergehen,
auf diesem Weg auf dem schon viele traten.

Wie Zombies ohne eigenen Verstand.
Sie merken nicht, wie sich die Fahnen drehen,
wenn es zu spät ist, hört man erst ihr Flehen.
Ihr Untergang gelenkt von fremder Hand.

Bricht dann das Netz zusammen, fällt die Wand.
Fangen sie plötzlich an sich umzusehen.
Versuchen auf dem grünen Gras zu gehen,
um das zu finden, was noch keiner vorher fand.

Ich entscheide, was ich schreibe

Wie gut dass ich erwachsen bin,
so kann ich denken, reden, schreiben
und wenn ich mag, auch einfach schweigen.
Für mich hat alles seinen Sinn.

Wenn mich was ärgert oder wundert,
dann schreibe ich's in meinen Reimen.
Ich lasse Dichterblüten keimen.
Es sind der Blüten jetzt schon hundert.

Ich lass' mir nicht von Oberlehrern,
von Besserschreibern, Wortverdrehern,
die Lust am Schreiben so vergällen.

Drum predige mir keine Bände,
als ob ich in der Schule stände.
Ich muss für niemand mich verstellen.

Die Zeit richtig genutzt?

Ach irgendwann in meinem gut durchdachten Leben
kommt sicher die Erkenntnis und sodann
frage ich mich auch: Wofür war all mein Streben,
wenn ich das Ende nicht bestimmen kann?

Ich grübel - Vollmondnächte werden lang.
So viele Wünsche sind noch nicht erfüllt,
so bunt und intensiv auch ist mein Tatendrang,
bleibt doch der Weg des Schicksals mir verhüllt.

Ich wollte noch so viele Dinge ausprobieren,
ein Buch zu schreiben wäre interessant.
In Spanien auf dem Pilgerpfad spazieren.
Ein Riesenbild zu malen an die Wand.

Schon immer kam mir irgendwas dazwischen
und häufig war ich doch zu feig am End:
Man guckt doch immer gern an fremden Tischen,
doch essen will man nur das, was man kennt.

Jetzt wo ich fast mein halbes Leben, bin
alten Trampelpfaden nach gegangen,
bemerk' ich, es macht wirklich viel mehr Sinn,
auf unberührtem Weg zum Ziele zu gelangen.

Der Pessimist sieht immer nur das Glas halb leer.
Nun - Optimismus hat noch nie geschadet.
Wohlan, der Worte weniger - der Taten mehr
und nicht mehr lang in Selbstmitleid gebadet.

Die Farben für mein Bild sind eingekauft,
ja auch das Buch begann ich schon zu schreiben.
Jetzt wird kein Augenblick, kein Stündchen mehr
verschnauft.
So viele Wünsche werden mir noch bleiben.

Schönheit kommt von innen

Bringe dein Innerstes zum Leuchten
und du wirst so viel Schönheit ausstrahlen,
dass die Menschen sich von dir angezogen fühlen,
wie Motten von einer hell leuchtenden Laterne.

Der Spatz in der Hand

Manchmal,
wenn die Sonne besonders hell scheint,
die Farben der Natur besonders schön leuchten
und alle Sorgen scheinen weit weg;
dann gaukelt uns das Schicksal vor, dass dies das
Leben ist,
wie wir es uns gewünscht haben.
Besser als alles, was wir bisher hatten.
Wir sind versucht, alles wegzuwerfen,
was wir bisher aufgebaut haben.
Aber allzu schnell werden wir feststellen,
dass es die kleinen, alltäglichen,
aber beständigen Schätze sind,
die unser Leben nachhaltig mit Glück erfüllen.

Cyberliebe

Schön sind die Worte, die du hast geschrieben,
voll Liebe, Sehnsucht und auch Fantasie.
Sämtliche Herzen bringen sie zum Fliegen.
Ist es die Wahrheit oder einfach Strategie?

Kann man mit Worten Menschen fangen?
Ist es von Dauer, so ein fernes Glück?
Wenn Poesie aus Liebe und Verlangen,
dann Wahrheit wird - so Stück für Stück?

Wenn sich der Lyrikschleier lichtet
und nur die nackte Wahrheit zählt.
Wenn der Verdacht sich rasch verdichtet,
dass Worte nur zum Zweck gewählt.

Kann man den schönen Worten glauben?
Weiß man denn, wer dahinter steckt?
Lässt er zu Haus ein Herz verstauben,
wo Liebe einstmals er geweckt?

Man kann im Grunde nur vermuten,
wie sich's in Wirklichkeit verhält.
Wer sind die Schlechten, wer die Guten,
in dieser schönen Cyberwelt?

2. Kapitel

Die Farbe Orange

Orange

Bilder aus der Kinderzeit

Wo sind sie hin, die unbeschwerten Tage?
Der rot verschmierte Marmeladenmund,
der knopfäugige Lieblingskuschelhund,
die „Wer, wie, was, wie geht das" Frage?

Der Puddingduft, der es versteht zu locken.
Die Suppe, die man buchstabieren kann.
Der Fischers Fritze und der schwarze Mann,
der leise Klang von Weihnachtsschlittenglocken?

Wo sind sie jetzt, all die Erinnerungen?
Sind auch die Kinderstimmen schon verklungen,
die Bilder einer frohen Kinderzeit -

ich habe sie bewahrt in meinem Herzen.
Sie leuchten weiter mir wie helle Kerzen
und bringen meiner Seele Leichtigkeit.

Böse Lieder

Was hab ich meine Töchter malträtiert,
wir sangen Lieder! Was für eine Qual!
Vom Fuchs, der arme Gänse stahl.
Bis heute sind sie noch paralysiert.

Mit Märchenbüchern lagen wir im Bett.
Was würden Pädagogen heute sagen?
Ich ließ die Mädchen rosa Kleidchen tragen!
Ich wünscht, dass mancher andre Sorgen hätt.

Ich hab ihnen vom Christkind einst erzählt,
von Elfen, Feen und den sieben Zwergen.
Vom Giftanschlag hinter den sieben Bergen.
Hab sie mit Märchen abendlich gequält.

Die Kinder heut sind aufgeklärter, kesser!
Mit Handy in der Hand schläft es sich besser!

Immer Ärger mit der Technik

Verflixt und zugenäht nochmal,
passiert mir das denn immer?
Doppelt gepostet wie fatal,
das wird ja immer schlimmer.

Dabei wollte ich wirklich nur
'ne kleine Nachricht schreiben,
doch der Computer, der ist stur,
lässt's doppeln nicht mehr bleiben.

Jetzt werde ich schon ärgerlich
und tripple mit den Füßen,
's ist meinem Ruf nicht förderlich!
Dafür muss er mir büßen!

Versuch' es noch ein letztes Mal
und hängt er dann schon wieder,
dann bleibt letztendlich keine Wahl
ich schlag' das Teil darnieder.

Geschwister

Wenn ich das Wasser bin,
bist du das helle Feuer.
Wenn ich vorsichtig bin,
suchst du dir Abenteuer.

Wenn ich im Voraus plane,
bist du immer spontan.
Schwenk ich die weiße Fahne,
fängst du zu kämpfen an.

Wenn ich die Stille bin,
bist du lebhafter Lärm
Wir zwei sind so verschieden,
wie nicht vom selben Stern.

Du bist ein Egoist.
Ich kann emphatisch fühlen
und bin nicht auf der Welt
dein Mütchen stets zu kühlen.

Oktoberkind

Du bist mein Oktoberkind,
frei und wild, grad wie der Wind.
Hast 'nen Kobold in den Ohren,
der dir oft ganz unverfroren

sagt: „Jetzt schrei mal richtig laut,
damit sich keiner wirklich traut,
dir nochmal zu widersprechen
oder sich gar zu erfrechen,

dir am Ende vorzuschreiben:
Liebe Gina lass es bleiben."
Und wir wissen es genau,
dieser Kobold ist so schlau,
dass keiner jemals daran denkt,
ER ist es der dich Trotzkopf lenkt.

Jetzt gib dem Kobold einen Tritt,
tu doch diesen kleinen Schritt,
lass ihn doch alleine motzen
und dort in der Ecke trotzen.

Mein Oktoberkind will lachen,
oder schöne Sachen machen.
Hat auch einen weichen Kern,
deshalb haben wir es gern!

Du bist mein Oktoberkind,
frei und fröhlich wie der Wind.
Sollst für immer fröhlich bleiben,
manchen dummen Unfug treiben.

Ich hoffe, dass du nie vergisst,
dass du in uns'ren Herzen bist.
Geh deinen Weg, sei niemals bang,
sei frohen Mut's dein Leben lang.

Verschlossen

Die Tür zu meinem Herzen, geht nur nach innen auf,
sie hat statt einer Klinke nur einen runden Knauf.

Willst du hineingelangen, so musst du ehrlich sein!
Kann ich dir nicht vertrauen, gelangst du nicht hinein.

Sie ist auch nicht zu öffnen mit roher Kraft-Gewalt,
auch wenn du tobst und wütest, das lässt die Türe kalt.

Sie öffnet sich nur jenen, die in mir Gutes seh'n,
die trotz all' meiner Fehler, mir stets zur Seite steh'n.

Nur jenen, die auch teilen, die Freuden und das Leid,
steht diese Türe offen und zwar sperrangelweit.

Nur diesen strahlt die Wärme aus meinem Herzen zu
und einer dieser Menschen, mein lieber Freund,

bist du.

Nur ein Gedicht weit weg

Nur ein Gedicht weit sind wir auseinander
und schreibe ich die Worte aufs Papier,
dann liest Du sie und bist ganz nah bei mir,
wenn ich so zwischen meinen Zeilen wander.

Du fühlst wie ich und unsre Wortgedanken
sie haken unter, laufen Arm in Arm,
und die Gewissheit macht das Herz mir warm.
Kann nur dem Glück für die Begegnung danken.

Im Wörterwald da lernten wir uns kennen.
Wir suchten Lettern fein und blütenbunt
und trafen auf den weitaus bessren Fund,
den Schatz der Freundschaft unseren zu nennen.

So teilen wir die Worte, Sätze Lieder
und eines Tages sehen wir uns wieder.

Die Glasbläserin

Sie ist so ein besondrer Mensch,
der Lächeln schenkt und Zeit sich nimmt,
bei dem ganz einfach alles stimmt.
Trägt in den Augen diesen Wunsch,

den Menschen einfach gut zu tun.
Lässt Schmuck aus edlem Glas entstehen.
Nicht nur durch schmelzen oder drehen,
durch ihre Fantasie erblühn

die schönsten Muster ganz aus Glas.
Sie spielt mit Farben oder Formen,
weicht ab von langweiligen Normen,
man merkt, die Arbeit macht ihr Spaß.

Zu diesem „Lädchen", buntem Traum,
da ist mir nie ein Weg zu weit.
Mit Wärme, Leben, Fröhlichkeit
füllt sie den hübschen, kleinen Raum.

Und jeder, der dort war, ich wette:
Trägt, wenn er raus geht, eine Kette!

Der Hutladen

Stehst du auf individuell,
besorg dir einen Hut ganz schnell!
Denn so ein raffinierter Hut
den trägt man keck und mit viel Mut.

Ob Florentiner, ob Melone,
viel schöner bist du mit als ohne.
Mit Orchideen ganz exotisch.
Mit schwarzem Tüll, ein Tick erotisch.

Mit einer Riesenschleife drauf,
fällst du in jeder City auf.
Magst du's bescheiden, lieb und nett,
dann trage einfach ein Barett.

Stehst du nicht ganz so auf devot,
nimm eine Cloche* in kirschenrot.
Hörst du sehr gerne den Bolero?
Steht dir vielleicht auch ein Sombrero.

Tritt einfach ein, triff deine Wahl.
Und werde selbst zum Original.

*Hut in Form einer Glocke

Für Hartmut mit dem Herz voll Sonne

Es war ein Dichter, der ein Lied mir sang,
von Liebe und Romantik, die ins Herz mir drang.
Er wusste mir vom Leben zu erzählen,
er riet mir, meinen eignen Weg zu wählen.

Sein Herz, das war so rein wie pures Gold,
die Musen waren ihm stets treu und hold.
Aus Blickwinkeln tat er alles betrachten,
die andre nicht mal annähernd beachten.

Mit Sonnenschein bis oben angefüllt,
so schien es mir, doch scheinbar ungestillt,
sein Lebensdurst. Er wollte so viel wissen.
Ich werde seine Neugier sehr vermissen.

Sein Wunsch war nicht ein materielles Ding:
Nur dass sein Wort niemals verloren ging.

Gewidmet einem Dichter, den ich in einem
Lyrikforum kennenlernen durfte.
Als er unerwartet verstarb, war es von seiner
Familie leider nicht gewünscht, dass seine Gedichte
um die Welt reisen.

Schokojunkie

Apfel, Nuss und Mandelkern,
mag ich leider nicht so gern,
was ich dagegen sehr vermisse,
sind süße Schokoladenküsse.

Ich bin schokoladensüchtig,
sie ist für meine Nerven wichtig,
kann ihr nun mal nicht widerstehen,
von weißer einmal abgesehen.

Mich locken weder krosse Chips,
noch die Käseerdnussflips.
Nur in zarter Schokolade
könnt ich mich wälzen wie 'ne Made.

Ob Vollmilch, Bitter und Nuss,
mit Chili, welch ein Hochgenuss!
So macht man mir die größte Freude,
Dann bin ich eine leichte Beute.

Herrscht am Hüftgürtel dann Stau,
weiß ich leider ganz genau:
Jetzt muss ich Gewicht verlieren,
die Schokomengen reduzieren.

Gott sei Dank, kann's mir noch leisten
und mich weiterhin erdreisten,
Schokolade zu vernichten
und darüber noch zu dichten.

Friedrich und ich oder warum Schweinfurt nicht „Weinfurt" heißt

Der Friedrich hat mit mir etwas gemein,
ihn stört wie mich vorm „furt" das Wörtchen Schwein.
Er fragt sich auch, woran es denn nun läge,
wenn es doch so viel schön're Namen gäbe,

dass sie so heißt, die Stadt am blauen Main.
Ja, auch der Wein könnt' Namensgeber sein.
Wenn man das Für und Wider gründlich wäge,
denn statt den Zischlauten, die doch sehr schräge,

gäb's Töne, die mit Wohlklang stimmten ein,
nähme man etwas anderes als „Schwein".
Jedoch der eingefleischte Unterfranke,
hält dies für überflüssiges Gezanke.

Wichtig ist ihm „sei Bradwurschd" und der Wein.
Mit vollem Bauch wird er's zufrieden sein.

Inspiriert durch Friedrich Rückert (1788-1866) geb. in Schweinfurt

Dinosaurier

Wenn alte verknöcherte Autoren
in den Werken der Jüngeren bohren,
dann finden sie zu ihrer Schande
oft Lyrik in bessrem Gewande.

Das bringt sie derartig in Rage,
dass sie die Kritik nur in harsche
und ungerechtfertigter Weise,
erteilen und die kleine Meise

die jeder Autor nun mal hat,
die treten sie ganz brutal platt!

Gequake aus dem Lyriksumpf

Ich werde meine Heimat nicht verlassen,
den kuscheligen Lyriksumpf,
wo Worte nichtsagend und stumpf
nur mittelmäßig Eindruck hinterlassen.

Im tiefen Schlamm, da will ich weiter planschen,
das macht mir einen Heidenspaß.
Ich pfeife auf Kritik-First Class,
kann seelenruhig meine Gedichte panschen.

Ich schnapp' mir ab und zu 'ne dicke Mücke
und tauche dann schnell wieder ab.
Ich bin ganz ehrlich: Ja ich hab'
so Angst, der (Kritik-)Storch reißt mich in Stücke.

Ich lebe lieber munter unter Quappen,
geht mir der Lyrikpreis auch durch die Lappen.

Altmodische Ansichten

Ich bin kein Mensch, der ins Konzept passt,
denn mein Konzept hat eigne Werte,
an denen sich schon mancher störte.
Ich hab für mich den Schluss gefasst:

Ich brauche Fröhlichkeit und Luft.
Ich bin da altmodisch und ehrlich.
Und manchmal ist so was gefährlich,
wenn einer gern nach Gründen sucht.

Ich bin kein Robotersoldat,
ich brauch zum Leben etwas Wärme.
Ja, unter „Menschen" bin ich gerne.
Für mich ist Angst kein guter Rat.

Ich arbeite gern effizient,
doch denke ich auch gern dabei.
Mir ist mein Tun nicht einerlei,
bin gern dabei intelligent.

Der Spaß ist dann für mich passé,
wenn ich nur still sein soll und schlucken.
Befehl erfüllen ohne Mucken??
Ihr Lieben, ohne mich! Adieu!

Gipfelklima

Am Fuß des Berges traf sich eine Gruppe,
den Gipfel zu ersteigen war ihr Ziel.
Sie wähnten sich als eine starke Truppe,
denn einer hielt vom andern wirklich viel.

Vergessenes das wurde gern geliehen,
so unter Freunden half man gerne aus,
man wollte ja an einem Strange ziehen,
und dieses setzte Teamwork ja voraus.

So stiegen fröhlich, alle guter Dinge,
den steilen Weg mit ihrer Last bergauf.
Froh hoffend, was dies Abenteuer bringe.
Schon bald ward aus Gesang nur noch Geschnauf.

Der halbe Weg geschafft, begann ein Jammern:
„Ob der da vorn uns wohl für Gämsen hält,
die mühelos am Felsenhange klammern?"
Das hätte man sich anders vorgestellt.

Das Tempo viel zu schnell für mancher einen,
(dem Vordersten jedoch dauerts zu lang,
davonzulaufen spürt er schon den Drang)
ein Dritter hält sich kaum noch auf den Beinen.

Die gute Laune ist schon lang vergangen,
der Mut vorbei, der Gipfel zwar in Sicht,
fällt auch der kleinste Fehler ins Gewicht.
Der blaue Himmel ist jetzt grau verhangen.

Kurz vor dem Ziel auch noch den Fuß vertreten,
bricht ein Gewitter über sie herein
und schuld daran kann nur der andre sein,
sie suchen Schutz und fluchen oder beten.

Noch ehe sie am Gipfel angekommen,
hat Freundschaft sich in Skepsis aufgelöst,
weil jeder sich an Eigenschaften stößt,
die er am Fuß des Bergs nie wahrgenommen.

Und übrig blieb nur, was von vornherein
sich gut ergänzte und mit Herz und Hand
immer gemeinsam eine Lösung fand,
denn so - so sollten wahre Freunde sein.

Schwärmerei

Was ich an meiner Kleinen mag,
sind ihre Kurven, runden Formen.
Sie steht für Vielfalt ohne Normen
und ist von kreativem Schlag.

Sie trägt auf cremig-beigem Kleid
ganz winzig kleine blaue Blüten,
hat keine schnöden Attitüden,
nein, strahlt mich an voll Munterkeit.

Und immer wenn ich Sehnsucht spüre,
greif ich nach ihr mit großer Wonne.
Sie ist wie eine kleine Sonne
so wärmend, - diese Ouvertüre

an Düften; ich bin voll im Banne
der handgeformten, hübschen Kanne.

Sanfte Riesen

Der Kerzenschein im dunklen Zimmer
verwandelt sanft mit warmen Schimmer,
die schwarzen Schatten an der Wand
in sanfte Riesen kurzerhand.

Sie schunkeln dort im Lichterglanze,
wie große Bären sich im Tanze.
Stell dir nur vor, in dieser Nacht
hielten die Riesen für dich Wacht.

Fühl dich ganz sicher und geborgen,
weil gute Mächte für dich sorgen.
Sei achtsam und in Bild und Wort
siehst Du sie wirken immerfort.

Denn, die wir missen all die Lieben,
sind immer nah bei uns geblieben.

Ich mag keine Igelfelder

Jetzt schreiben alle über Igelfelder
und über bunte laub-bebaumte Wälder.
Den Blick nach vorne mag ich jetzt noch nicht.
Ich schwelge noch im rosa Abendlicht!

Verstecke mich in zarten Rosenblättern,
versuche mich dabei nicht zu verheddern
im welken Kapuzinerrankenwust.
Auf Herbst hab ich bestimmt noch keine Lust.

Bleibt mir vom Leib mit sanften Nebelschwaden,
ich schließe einfach schnell den Fensterladen
und sperr den Sommer einfach mit mir ein.

Genieße noch die letzten warmen Strahlen,
bevor die alten Obstbäume verkahlen.
Der Herbst soll mir jetzt noch gestohlen sein!

Herbstaquarell

Der Herbst malt nun mit sanften Farben
die nahen Wälder aus in mattem Grün
und hier und dort sieht man noch Rosen blühn,
die Äcker tragen schon des Pfluges Narben.

Als ob jemand mit Pinselschwung und Wasser
die Farben der Natur verwischen lässt.
Vom Sommerpotpourri bleibt nur ein Rest.
Die Tage werden wieder wolkennasser.

Schon bald wird kraftvoll und in warmen Tönen,
fein überzogen noch mit gold'nem Hauch,
orangerot leuchtet jedes Blatt am Strauch.
Herbstornamente die das Bild verschönen.

Der Zauber soll noch lange in uns wirken,
die Wärme und das Leuchten uns erbaun,
wenn draußen alle Wiesen still ergraun,
soll das Erinnern uns die Seele stärken.

Wer wird hier eigentlich bestraft?
„Berlustoni"
Satire

Via, via! Lauft ihr Leute!
Schnappt die Krücken, das Gebiss!
Kein Geringerer kommt heute,
als Italiens Top-Narziss!

Ja, Justitia hat beschlossen,
dass der „Bello Silvio",
in der Anstalt unverdrossen
weiter spielt den Zampano.

Seine Strafe soll er büßen
hier in unsrem Altenheim,
dabei würden wirs begrüßen,
käm er hier erst gar nicht rein.

Soweit kommts noch, Mamma mia,
dass die Mafia uns verpflegt!
Forza, forza, lauf Maria,
eh der rote Teppich liegt.

Dort nahen schon die Limousinen,
gekaufte Presse steht vor Ort.
Nimm für den Weg zwei Apfelsinen
und presto, presto, ganz weit fort!

Der setzt sich doch nur an den Tisch,
frisst Pasta, Parmesan und Fisch
und füttert uns mit fiesem Brei!
Alles nur Augenwischerei!

Zusammenhalt

Und plötzlich steht die Welt ganz stille,
jedewede Diskussion pausiert,
weil vieles sich im Jetzt verliert.
Es zählt der Überlebenswille.

Ja, zwischen Klopapiergeraffe
und einer Nudelhysterie,
erholt sich die Natur wie nie.
Corona heißt die heikle Waffe.

Familien die zusammenrücken,
Gemeinsamkeit wie lange nicht,
am Abend dann ein Kerzenlicht
am Fenster, um still auszudrücken:

Wir halten zam, gemeinsam gehen
wir durch die Krise, überstehen.

Entstanden im März 2020 im ersten Lockdown
verursacht von dem gefährlichen Virus Covid 19.
Nichts ging mehr, alle Geschäfte, Friseure usw.
waren zu, nur lebenswichtige Branchen blieben
geöffnet.
Durch den erheblich verringerten Verkehr zu
Lande, Wasser und Luft, erholte sich die Natur
teilweise. In Venedig wurden seit Jahren wieder
Delfine gesichtet und das Wasser in den Kanälen
war so klar wie nie.

3. Kapitel

Die Farbe Rot

61

An Papa

Ich sitze vorn, auf dem Sitz am Fahrradlenker und
der Fahrtwind wirbelt mir durch die Haare.
Wir zwei, du und ich, wir erobern die Welt auf
dem Weg zum Kindergarten.
Du hast keine Angst, Neues auszuprobieren, zeigst
mir exotische Früchte.
Meine Freunde im Kindergarten bewundern die
außergewöhnlichen Früchte neugierig und ich bin
der King. Granatapfeledelsteine bekommt hier
niemand in die Brotzeitdose gepackt.
Wir tauchen an den Felsen und du zeigst mir
das Versteck vom uralten Krebs, der Algen und
Muscheln auf seinem Rücken trägt als wäre
es ein Kleid. Seeigel, die dicht an dicht an den
Felsen geschmiegt sind. Du hast mir die spitzigen
Stacheln gezeigt und auch die Überbleibsel von
den abgestorbenen Seeigeln, runde Kugeln die mit
seltsamen Mustern versehen waren. Vorsichtig
sind wir darüber weggeschwommen.
Wegen dir habe ich so viele schwarze, bittere
Oliven gegessen, bis sie mir geschmeckt haben.
Ich wollte wie Du sein.
Mit lustigen Grimassen und Clownereien hast du
die bösen Bakterien gespielt, wie sie sterben, wenn
ich die Medizin nehme. So hast du es geschafft, dass
ich sie schluckte und das sogar mit einem Lachen.
Ich werde deine Faxen nie vergessen.
Von dir habe ich die Leidenschaft für Fischgerichte
geerbt und gelernt, auch Unbekanntes
auszuprobieren und immer erst zu hinterfragen, ob
nicht auch ich etwas falsch gemacht habe.
Bei einem Streit zu versuchen, einen Weg
zueinander zu finden.

Du bist der friedliebendste Mensch, den ich kenne.
Auch als Opa hast du deinen Enkeln die Welt
nähergebracht.
Du hast mit ihnen Kastanien gesammelt, bist
mit ihnen auf den gefrorenen, vereisten Feldern
Schlittschuh gelaufen.
Hast mit deinen Enkeln die Jahreszeiten bewusst
erlebt.
Du bist der beste Karnevalsclown, den es je
gab! Auch wenn die Leute um uns herum dumm
schauten, wir haben Stimmung gemacht am
Faschingszug. Und es hat dir diebischen Spaß
gemacht, in ihre Gesichter zu lachen und albern zu
sein.
Du hast für uns deine Heimat aufgegeben. Ich hoffe
wir können Dir dafür genug zurückgeben.

Im Spiegel der Zeit

Als Kind hängt sie an Mamas Schoß.
Was Mama macht, ist immer richtig.
Die Nähe überlebenswichtig.
Die Zeit verstreicht und sie wird groß.

Sie hat jetzt ihren eignen Kopf,
das macht auch ab und zu Probleme.
Das Kämpfen gegen gleiche Gene,
die Jugend contra alten Zopf.

Egal was Mutter tut und sagt,
ihr Spross macht einfach alles anders.
Vorbei die Zeit des Miteinanders.
Die Pubertät, die beide plagt.

Doch eines Tages ist's gescheh'n,
sie hat nun selbst ein Kind bekommen.
Das Herz ganz warm und auch beklommen,
fängt sie jetzt an es zu versteh'n.

Sie sieht im Spiegelbild der Zeit
die Mutter ihr ein Schlaflied singen,
zum Tisch ihr Lieblingsessen bringen.
Und ist es auch Vergangenheit,

so ist es gleichermaßen so,
als ob doch alles wiederkehre,
denn ihrer Mutter nun zur Ehre,
macht sie jetzt vieles ebenso.

Fünf Pfund Glück

Da ist sie: Uns're Rosalie!
Wir sind schon jetzt verliebt in sie.
In ihre prallen, runden Bäckchen,
in ihre rosa Ohrenschneckchen!

Würden sie gern willkommen heißen,
doch dazu müssten wir weit reisen.
Wir müssen leider etwas warten.
doch wünschen wir ein gutes Starten

ins Leben, und wir drücken sie,
Küsse aus Franken für Rosalie!

Zur Geburt meiner Nichte.

Mutterliebe

Ein herzlich warmes Lachen,
Augen die über mich wachen.
Die Ohren für mich immer offen,
Worte, die reden vom Hoffen.

Hände, die helfend mich stützen,
Arme, die halten und schützen.
Meine Wangen mit Sanftmut geküsst,
voller Liebe, die nie vergisst.

In ihrem Herzen immer mein Platz,
trage ewig in mir diesen Schatz.
Bin ein Teil von ihr und auch ein Stück,
vom unsterblichen Seelenglück.

Mutterherzen sterben nicht,
sie gehen nur hinauf ins Licht,
um dann aus den himmlischen Sphären
als Engel wiederzukehren.

Mama gegen den Rest der Welt

Wenn dir die Welt die kalte Schulter zeigt,
der Himmel nicht mehr Liebeslieder geigt,
vom falschen Weg kein Pfad ins Glück abzweigt
und Vater Petrus mittels Regen streikt.

Sind deine Blümchen nur noch Schneckenfraß?
Den leck'ren Kuchen wer bis auf die Krümel aß?
Dir noch in Stücke bricht dein Lieblingsglas?
Gründlich vergangen ist dir aller Spaß?

Dann geh zur lieben Mutter schnell nach Haus,
die treibt die bösen Geister wieder aus.
Sie kocht dir deinen liebsten Leckerschmaus,
glättet dir sanft die Stirn, ziehst du sie kraus.

Sie hört sich deine Sorgen immer an.
Sie ist es die am besten fühlen kann,
wie es dir geht und hat stets einen Plan,
wie's weitergeht und motiviert dich dann.

Mit einer Tasse dampfenden Kaffee,
verarztet sie dein ganzes Seelenweh.
Steht hinter dir wie eine Heilsarmee,
tritt notfalls dir auch kräftig auf den Zeh.

Bei ihr bist du in jedem Falle richtig.
Kommst du, ist alles andere nicht wichtig.
Da wird sogar der Papa eifersüchtig,
denn niemand liebt so ehrlich und aufrichtig,

wie sie. Sie ist und bleibt deine Mama,
ist überall und immer für dich da.

Muttertags(ab-)ständchen

Was ist das für ein Muttertag,
an dem man nicht im Arm sich lag?
An dem es keinen Kuss kann geben,
dies will ich niemals mehr erleben.

Doch halten wir auch brav Distanz,
so trennt uns nichts und niemand ganz,
denn auch im größten Durcheinander
sind unsre Herzen beieinander.

Ach sorg Dich nicht, mein Mutterherz,
schon bald vergeht der böse Scherz
und ich verspreche Dir: Nicht lange -
liegt meine Wang' an deiner Wange.

Sorg Dich nicht, wir sind gesund.
Die Welt wird wieder laut und bunt
und bis wir aus dem Traum erwachen,
können wir ja reden, lachen,

verlier'n wir uns nie aus dem Sinn.
Ich weiß, wir kriegen das schon hin.
Denn auch im Falle eines Falles
siegt ja die Liebe über alles.

Muttertag in Zeiten von Corona 2020

Du bist ein Teil von uns

Du bist ein Teil von uns -
auch wenn wir uns oft streiten.
Wenn uns die Worte mal in Wut entgleiten,
auch wenn du stürmisch bist wie der Oktoberwind,
so bist und bleibst du unser liebes Kind.

Mit aller Kraft verfolgst du deine Ziele,
du bist dabei mit ganzem Herz und Seele.
Solange du so voller Ehrgeiz bist,
und deine Pläne noch nach Werten misst,

wirst du erfolgreich sein in deinem Leben.
Wir unterstützen dich in diesem Streben,
wann immer dieses uns nur möglich ist.
Denk immer dran, dass du es nie vergisst.

Kannst du dich eines Tages nicht entscheiden
und ist ein Abwägen nicht zu vermeiden,
dann höre immer auf dein kluges Herz.
Es führt dich zielgerichtet himmelwärts.

Wir wünschen dir auf allen deinen Wegen
viel Glück, Erfolg und einen immer regen
Gedankenfluss, der kreativ dich führt,
auf dass dein Leben ein erfülltes werden wird.

Die Sonne sollst du stets im Herzen tragen,
dich immer frischen Mutes vorwärts wagen,
dass du den Glauben an dich nie verlierst
und immer gerne zu uns wiederkehrst.

Abgenabelt

Ein kleines Herz beginnt sich zart zu rühren,
ganz sachte, dass nur Mütter es verspüren.
Ein Flügelschlagen nur, bewirkt so viel,
entfacht sehr schnell ein starkes Urgefühl.

Vom ersten Tag an wird sie es beschützen,
mit Löwenmut sein Wachsen unterstützen.
Die Fehler, Narben, einfach überseh'n
und ohne Worte Freud und Leid versteh'n.

Wenn dann die Raupe sich durch Zauberhand
in einen Schmetterling endlich verwandelt,
nach eignen Vorstellungen lebt und handelt,

verbleibt trotzdem ein unsichtbares Band,
das Mütter mit den Kindern innig bindet
und das man gleicher Art wohl nirgends findet.

Der ungelesene Brief

Wenn sie ihn nur erhalten hätte,
zur rechten Zeit, am rechten Ort!
Dann wäre, ich geh jede Wette,
sie nicht so ohne Abschied fort.

Wenn sie doch nur gelesen hätte,
was darin stand, mit welch Gefühl!
Ach - warum hat sie nur, die Jette,
so schroff gehandelt und so kühl?

Sie las sie nicht, die schönen Dinge,
verkaufte die Verlobungsringe,
zerriss den Brief in Stücke zwei.

Er schrieb ihr in dem Brief, dass Inge
ihm deshalb so zu Herzen ginge,
weil sie doch seine Schwester sei!

Du kommst mir grade recht...

Du ausgerechnet willst dich damit rühmen,
mich gut zu kennen und zu wissen wer ich bin?
Willst hier den klugen Psychologen mimen
und meinst du wüsstest meines Lebens Sinn!?

Lässt dich nie ein auf das, was andre sagen,
machst niemals auch nur einen Kompromiss.
Man hört dich ständig jammern nur und klagen,
wie böse diese Welt doch zu dir ist.

Du stellst in Frage, willst nur provozieren,
auf Kommentare lässt du dich nicht ein.
Willst stets Probleme dahin projizieren,
wo keine sind, interpretierst hinein

in Kommentare, was dir grad gefällt.
Und Schuld ist immer nur der Rest der Welt.

Steh du ruhig in der Sonne

Steh du ruhig in der Sonne, die du zum Strahlen brauchst.
Derweil such' ich zu retten, was du in Schatten tauchst.

Glaub eines schönen Tages, da wirst du es verstehn,
wenn Glanz und Ruhm verblassen, wirst du im Dunkeln
stehn.

Doch weil ich stets muss kämpfen, um alles was mir lieb,
werd' ich am Ende tragen nach Haus Triumph und Sieg.

Für mich stehn tausend Sterne, ein jeder leuchtet mir,
am Himmel aus der Ferne und die genügen mir.

Vaters Ideologie vom dritten Reich

Für dich hatte der Krieg nie aufgehört,
du hast nie wirklich aufgehört zu kämpfen.
Die Fremden haben dich immens gestört:
das Deutsche Reich durft nicht im Dreck versumpfen.

Das Lied von Freiheit, Einigkeit und Recht -
es waren Worte nur, die du gesungen.
Ja, deine Intension dazu war schlecht;
des Führers Rufe waren längst verklungen.

Uns Kinder hast du eiskalt rekrutiert,
hast uns gehalten, so als wär'n wir Sklaven.
Hat auch nur einmal einer nicht pariert,
so waren Stock und Gürtel seine Strafen.

Hat Mutter eine Freude uns gemacht,
so wusstest du mit Strenge sie zu führen.
Aufs Kleinlichste warst Du hier stets bedacht
und ließest sie die volle Härte spüren.

Und Mutter litt und weinte still vor Gram.
Kein Pfennig wurde unbedacht gegeben,
schon gar nicht für so teuren Zuckerkram,
derweil du wusstest mit Genuss zu leben.

Du hattest deinen Gürtel, ich den Stolz.
Trotz allem konntest du mich niemals biegen.
Trug ich auch Striemen, splitterte das Holz,
du konntest meinen Willen nicht besiegen.

Du hast den Absprung einfach nur verpasst,
hast uns gedrillt, ließt uns im Matsche waten.
Mein Gott, wie hab ich damals dich gehasst,

wenn wir verdreckt und müde vor dich traten!
Was andern Heimat, schien mir wie ein Knast.
Zuhause waren wir deine Soldaten.

War alles richtig!

Du bist so stark, man kann dich nicht verbiegen.
Du hattest immer schon 'nen sturen Kopf.
Warst nie ein Heimchen, das um Herd und Topf
sich kümmert nur, das musste daran liegen,

dass Dir der liebe Gott in deine Wiege,
als Wesenszug die Leidenschaft gelegt.
Dein Schutzengel war unentwegt
um dich herum wie eine Eintagsfliege.

Denn es war wirklich schwer, auf dich zu achten.
Dir war kein Baum, kein Dach zu steil.
Trotz manchem Sturz blieb alles heil,
weil himmlisch gute Mächte dich bewachten.

Du hast die Hüften voll Elan geschwungen,
bei Rock and Roll und Twist warst du dabei.
Beim Tanzen fühltest du dich vogelfrei,
hast Elvis Lieder lauthals mitgesungen.

Es war dir wurst, was andre Leute sagten,
trotz Vorurteilen hast du dich bewusst
mit einem Italiener heiß geküsst,
was damals noch nicht allzu viele wagten.

Du hattest immer deinen eignen Willen
und damit hast du vieles schon geschafft.
Ja, auch mit siebzig bist du voller Kraft,
dein Tatendrang ist heut noch nicht zu stillen.

Perfekt zu sein als Mutter war dein Streben
und immer dachtest du, es reiche nicht.
Doch schau, die Liebe fällt hier ins Gewicht,
der sich're Rückhalt, den du uns gegeben.

Du hast uns stark gemacht für unser Leben
und warst du mal am Ende der Geduld,
war oft die doppelte Belastung schuld.
Die kleinen Fehler sind dir längst vergeben.

Im großen Ganzen gabst du doch das Beste.
Und wenn du heute in die Runde schaust,
dann hast du Grund, dass du dir selbst vertraust,
denn wir bestanden alle Härteste.

Wir haben heute selber Partner, Kinder
und fühlen nun wie es dir einst erging.
Jetzt wissen wir, was alles daran hing
und wie viel Müh und Arbeit steckt dahinter.

Sei stolz, so vieles konntest Du erreichen.
Es ist nicht selbstverständlich, glaube mir
und bist du auch ein wilder, sturer Stier,
wir lieben dich und deinen Kern, den weichen.

Gewidmet meiner lieben Mama zum 70.
Geburtstag (Sternzeichen Stier)

Breites Kreuz

Komm, tritt doch zu!
Ich hab ein breites Kreuz.
Mein Rücken ist so stark, es auszuhalten.
Sobald der Schuh dich drückt und es dir deucht,
du musst die Sau rauslassen, wen zusammenfalten.

Nimm mich!
Ich bin es ja bereits gewohnt.
War immer Amboss nur für deinen Hammer.
Nie hast du mich in deinem Zorn geschont.
Mein Ohr wird malträtiert von deinem
Katzenjammer.

Verletz mich,
wenn es dich beruhigt und dir gefällt.
Ich weiß, dein Zorn beruht auf dem Gewissen.
Es nagt an dir, wenn Wahrheit bei dir Einzug hält,
dann bist geplagt du von Gewissensbissen.

Ich stehe hier,
sieh meinen breiten Rücken!
Du wirfst mit Steinen, groß und schwer, nach mir.
Doch sollte mir ein Erbsenwurf nur glücken,
bist du zutiefst getroffen, leidest wie ein Tier.

Herzen unvereint

Ach wenn du es nur wüsstest,
wie gern ich dir verzieh.
Wenn du es einst nur möchtest,
mein Herz ist offen, sieh!

Wenn Herz auf Herz sich trifft,
würd's Tränen nicht mehr geben,
wär'n Worte nicht wie Gift,
wie schön wäre das Leben.

Die Hoffnung ist geduldig und wartet und ist still,
dass eines fernen Tages die Liebe sich erfüll.

Dornröschenkuss

Einmal im Leben sollte jeder spüren,
den süßen Schmerz, der Sehnsucht sanfte Pein.
Einmal im Leben so verliebt zu sein,
mit tiefen Blicken Seelen zu berühren.

Einmal den honigsüßen Kuss nur schmecken,
der zart zuerst, dann voller Leidenschaft.
Der dich erfüllt mit zauberhafter Kraft,
Dornröschen damit aus dem Schlaf zu wecken.

Einmal nur, um von diesem Glück zu wissen,
wie's ist, so eng umschlungen – Arm in Arm.
Dies Fühlen, Schweben, schmerzhafte Vermissen.

Sich so in Liebe innig zu verbinden,
so Haut an Haut, so zärtlich und so warm.
Das sollte jeder einmal für sich finden.

Herzmelodie

Die Gedanken der Liebenden
sind wie Melodien
die durch die Nacht fliegen.

Nur Menschen
die mit dem Herzen hören,
können sich an dem Klang erfreuen.

Glücksgefühle

Du schreibst mit sanften Fingern mir Sehnsucht auf die Haut.
In kleinen zarten Kreisen, so fremd und doch vertraut.

Vor so viel Herzenswärme kann ich nicht mehr entfliehen,
sie weckt in mir Verlangen, will mich dem nicht entziehen.

Fühl mich durch deine Liebe dem Himmel plötzlich nah,
so wohlig und zufrieden, wie mir nur selten war.

Du streichelst meine Seele, lässt Leidenschaft mich spüren,
mit tausend süßen Küssen kannst du mich leicht verführen.

Mein Herz will überquellen vor Liebe und vor Glück,
du raubst mir den Verstand, gewinnst mein Herz zurück.

Mit einem Fingerschnipp

Ich liebe es, wenn dieser sanfte Blick
mich trifft aus deinen himmelblauen Augen
und diese Gänsehaut, die ich vor Glück
bekomme und die Wärme, die im Magen

so wohlige Geborgenheit mir bringt.
Du küsst mich und dein liebevolles Lächeln,
das bis ins tiefste Innerste mir dringt,
vermag es ohne Worte mir zu schmeicheln.

Nur dieser Blick verrät unendlich viel,
bringt meinen gern getrag'nen Stolz ins Wanken.
Das ist die Absicht, ja, es ist dein Ziel;
sie stehn dir auf der Stirn, deine Gedanken.

Du sagst du liebst, wenn ich verlegen bin,
wenn ich nicht weiß, wohin die Augen wenden.
Du streichst mir übers Haar und hebst mein Kinn
und ich bin nur noch Wachs in deinen Händen.

Du schaffst das alles mit 'nem Fingerschnipp
und ich denk mir: „Was hab ich für ein Glück."

In meinem Herzen

In meinem Herzen ist ein Platz,
der ist für immer reserviert.
Für einen ganz besonder'n Schatz
und ganz egal, was auch passiert,

der Platz für dich ist immer frei.
Wo du auch bist, wohin du gehst,
was du entscheidest- einerlei.
Wie du es wendest oder drehst,

der Platz dort drin bleibt für dich frei.
Suchst du 'nen sich'ren warmen Hort,
dann sei gewiss von diesem Ort

bleibt alles, was dir schadet fort.
Weil es dort friedvoll für dich sei.
Fühl dich geliebt, beschützt und frei.

Für meine Töchter

Schmusekatze

Ich weiß du kennst sie ganz genau,
es gibt sie fast bei jeder Frau:
Die kleine Stelle - du hast sie gefunden,
in einer dieser wunderschönen Stunden,

die wir voll Leidenschaft verbracht.
Seit dieser lauen Sommernacht,
kannst du mich schnell zum Schnurren bringen,
mit einem Kuss ganz leicht bezwingen.

Die Stimme bricht mir einfach weg,
nähert dein Mund sich dem Versteck.
Kann mich dem Kribbeln nicht verweigern
die Gänsehaut ist nicht zu steigern.

Du kennst die Stelle ganz genau.
Im Nacken, da - ja da!
Miauuu!

Valentinstag

Ein Strauß mit roten Rosen
und lauter Süßigkeiten,
gefüllt in Herzchendosen.
Versprechen nicht zu streiten.

Ein Strauß voll Zärtlichkeiten,
gefühlte, zarte Küsse.
Verständnisvoll begleiten.
Das Wärmen kalter Füße.

Die Liebe ist so preiswert
und schenkt man Zeit dazu,
an Frau die man(n) verehrt,
braucht sie nie teu're Schuh.

Nicht nur am Valentin
solltet ihr daran denken,
wann immer euch im Sinn,
dann sollt ihr Liebe schenken.

Eine Tüte voller Liebe

Komm nur herein und wärm dein Herz,
vergiss den ganzen tristen Schmerz!
In meinem Laden voller Glück,
schenk ich dir davon auch ein Stück.

Kleine Schwäne aus Baiser,
unschuldig wie ein Kuss im Schnee.
Schwarze Schokolade mit Chili parfümiert,
voll Leidenschaft, die dich verführt.

Sieh in dem Glas dort oben drin,
allein der Anblick ist Gewinn,
gehüllt in ein zartrosa Kleid
ein Bonbon voller Zärtlichkeit.

Und dort als kleiner Liebesgruß
ist noch ein Schokoladenkuss
zartbitter, süß und fein.
Auch Petits Fours so bunt und klein.

Umarmt von hundert Zuckerblüten,
inmitten all der bunten Tüten,
thront sie, die große Torte.
Darauf steh'n diese Worte:
Ich liebe Dich auf immerdar

Sommernachtsrendezvous

Die Nacht bedeckt den Himmel
mit sanftem Dämmerlicht.
Der Mond läuft seine Bahn
im Tupfen-Sternenlicht.

Du stehst in meinem Schatten,
fühl deiner Wärme Schein.
Mein Körper wills gestatten,
möchte dir ergeben sein.

Dort hinter meinen Ohren,
hauchst du den Kuss so zart,
bin kribbelig schon verloren,
sanft piekst dein Stoppelbart.

Halt mich ganz fest im Arme,
brauch deiner Liebe Halt
und deine Haut die warme
tut gut wenn's Herz ist kalt.

Die Grillen in der Wiese
singen für uns ein Lied.
In Nächten lau wie diese,
mehr fühlen als man sieht.

Gänsehautzart berührst du
mein Herz, weckst Leidenschaft.
Sommernachtsrendezvous
gibst unsrer Liebe Kraft.

Ich denke nicht an morgen,
lass mich von dir entführen
im Sinnesreich geborgen
nah an des Himmels Türen

Sieben Gründe, warum ich Dich liebe

Ich tauche ein
in deine strahlenden blauen Augen

Ich verstecke mich in deinen
Lachfalten

Ich schmelze
in deinen Händen

Ich verbrenne
in deiner Leidenschaft

Ich werde schwach,
wenn du dich für mich stark machst

Mein Herz wird erwärmt
durch deine Tränen

und wenn du dich jemals von mir trennst,
erfriere ich an der Kälte deiner Abwesenheit.

(Für meinen Schatz)

Rosengarten

Mein Herz ist wie ein Rosengarten,
wenn du in meiner Nähe bist.
Muss nicht mehr auf den Frühling warten,
weil du wie Sonne für mich bist.

Wohl tausend Arten blüh'n darinnen,
sie duften lieblich im Bouquet.
Der Liebesreigen kann beginnen
Leg dich aufs zarte Blütenbett.

Ob Little Fairy und Florette,
die Seele dir so fein umsäumen,
Koralle, Harmonie, Georgette,
begleiten dich in sanften Träumen.

Die Farben leuchten in die Seelen,
erquickend ist der Rosenduft.
Wenn unsre Lippen sich vermählen,
liegt süße Liebe in der Luft.

Mein Herz gleicht einem Rosengarten,
wenn sanft und zärtlich du mich küsst.
Muss nicht mehr auf den Frühling warten,
weil du die schönste Rose bist.

Anm.: Bei Little Fairy, Koralle, Harmonie,
Georgette handelt es sich um Rosensorten.

4. Kapitel

Die Farbe Grün

Grün

Ein Riesengefallen

Ich wünsche mir einen friedlichen Riesen,
so einen mit Weitblick und gutem Herz.
Er schwäng sich vom Riesenland erdenwärts,
er querte ganz flugs die weltlichen Wiesen.

Er sammelte giftige Zeitgenossen
in die Tasche der gefrorenen Zeit
und im Nu wäre die Menschheit befreit
von solch alles verderbenden Sprossen.

Wir könnten nochmal von vorne beginnen
denn alles was unsere Erde braucht
für alles was zweibeinert, fleucht und kraucht,
ist doch nur Rücksicht und freundliches Sinnen.

Doch einen Gedanken wie diesen,
kann ich wohl vergessen -
es gibt keine Riesen.

Inspiriert durch den Film: "Big friendly Giant"

Hase Krümels Frühlingslauf

Kaum ist die Tür von deinem Stall weit offen,
springst Du mit Freude in das satte Grün.
Dich so zu sehen ist so wunderschön!
Mein Herz erfüllt von Wärme und von Hoffen.

Seh dich durch Blumen und durch Stauden schlüpfen,
wie du voll Übermut die Haken schlägst,
soviel des Glückes in mein Herz mir trägst,
wenn deine langen Löffelohren hüpfen.

Mein kleiner Hoppel, kannst Du mir verzeihn,
dass ich im Winter dich so eingesperrt?
Du solltest immer frei und glücklich sein.
Würde ich heute noch einmal entscheiden,
wär deine Freiheit mir viel mehr noch wert
Die Winterstubenhaft, lässt auch mich leiden.

Ungeduld

Ich warte auf den Frühling.
Mein Herz erfüllt ein Sehnen.
Mit Ungeduld verbring
ich Tage die sich dehnen.

Will spüren Sonnenstrahlen,
die warm in mein Gesicht
mir Sommersprossen malen
mit ihrem schönen Licht.

Möchte in Erde wühlen
und Blumenzwiebeln pflanzen.
Das pure Leben fühlen,
mit Schmetterlingen tanzen.

Den Frühling inhalieren
mit seiner ganzen Pracht.
Wenn Blüten mich verführen
und meine Seele lacht.

Vogelgezwitscher lauschen,
wenn Spatzen frech sich streiten,
wenn sie die Bäuche bauschen,
auf dünnen Ästen reiten.

Nur noch ein bisschen warten,
dann ist es schon so weit.
Bald wird der Frühling starten
mit neuem Farbenkleid.

Stille Freundschaft

Du standest einst im Garten gegenüber.
Die Jahreszeiten wechselten dein Kleid.
Uns zwei band eine Art von Freundschaftseid;
es schien, als sähest du zu mir herüber.

Dein Anblick war mir Balsam, Grund zum
Freuen.
Du gabst mir Stille für den Augenblick,
im Frühling weiß und rosa Blütenglück
und halfst so, meine Sorgen zu zerstreuen.

Im Herbst, wenn graue Regenschleier zogen,
trugst du ein golden-rotes Blättervlies:
das Abschiedskleid, das dir der Sommer ließ.
Durch deine Farben ist mein Grau verflogen.

Der Winter wandelte die kahlen Äste,
mit zuckerweißem Flockenflaum geschmückt,
warst majestätisch mir ins Bild gerückt.
Im Hintergrund ein Himmel von celeste*.

Du hast mit jedem Blick aus meinem Fenster,
jahraus, jahrein mein kleines Herz erfreut.
Die abgesägten Stümpfe - Schreckgespenster.

Bin ich die einzige, die es gereut ?

Jetzt pflanz' ich hier in meinem kleinen Garten
mir selber einen Baum. Doch ob er dich,
mein Freund, ersetzen kann, bezweifle ich.
Zumindest muss ich sehr, sehr lange warten.

*himmelblau

Fliederkuscheln

Da sitzt sie, auf dem lila Sommerflieder.
Sie steckt das Köpfchen immer, immer wieder
ins weiche Blütenkissen; saugt den Duft,
guckt zwischendrin nach oben in die Luft,
um gleich schon wieder darin zu verschwinden.

Ist in der Fliederwolke kaum zu finden.
Entzückt steh ich vor diesem Blütentraum.
Beneide Hummelchen, die ihren Flaum
schon voll mit gelben Pollenstaub beladen,
sich räkelt, um im Blumenduft zu baden.

Wer möchte da nicht gerne Hummel sein!

Nochmal gut gegangen

Nicht eine Wolke, die am Himmel weht.
Die Zeit bleibt wie erfroren einfach stehen,
als würde man nur auf der Stelle gehen.
Es scheint, dass sich die Erde nicht mehr dreht.

Ja, selbst die Tiere machen keinen Mucks.
Die Glut zwingt Menschen in den kühlen Schatten,
weil alle in der Sonne schnell ermatten.
Es wagen sich heraus nicht Gans noch Fuchs.

Wer vorher sehnsuchtsvoll die Sonne rief,
ist jetzt geheilt, verlangt nach kühlen Brisen.
Ersäuft zuvor, vertrocknen nun die Wiesen
und warten dringend auf das nächste Tief.

Ganz plötzlich türmen dort am Horizont
sich dicke, graue Wolken zu Gebirgen.
Die Grillen hören auf, ihr Lied zu zirpen,
denn jetzt naht eilig die Gewitterfront.

Sie bläst und schüttelt kräftig Baum und Strauch.
Jetzt heißt es hurtig Gartenmöbel sichern.
Mein Mann fängt ob der Hektik an zu kichern:
„Das Zeug verräumt und Hase Krümel auch?"

„Jetzt guckst du deppert, ätsch, Gewitterfront!
Zieh doch woanders hin, um zu zerstören!"
Von ferne kann man Donnergrummeln hören:
„Für heute, Menschlein, bleibt ihr noch verschont!"

Ahorngrün und Himmelblau

Mittagspause - ein paar kostbare Augenblicke an
der frischen Luft.
Eine kurze Befreiung aus der Enge der
Geschäftsräume.
Vor mir sehe ich die kleine Allee mit
Ahornbäumchen, deren Kronen fast kugelförmig
sind. Jedes zweite Bäumchen bewacht eine Bank.
Einladend wirken sie in der Mittagshitze, scheinen
förmlich zu rufen: „Komm her und ruh dich aus!"
Ich setze mich auf eine der Bänke - halb im
Schatten, halb in der Sonne. So kann ich die
Wärme genießen, ohne mich zu verbrennen.
Mit kühlem Kopf meine Gedanken schweifen
lassen.
Ich lege den Kopf in den Nacken und blicke in
das saftig-grüne Dach des Ahornbaumes. Wenn
man nach oben schaut, wirkt die Krone wie eine
kunstvoll gefertigte Kuppel. Ich sehe die knorrigen
Verästelungen und ganz oben, am Ende der Krone,
leuchtet ein klares, helles Himmelblau durch die
gezackten Blätter.
Ein wunderschönes Farbenspiel, das irgendwie
befreiend auf mich wirkt. Bruchstückhafte Verse
kommen mir in den Sinn, mit denen ich versuche,
diese zauberhafte Stimmung einzufangen. Leider
habe ich wieder einmal nichts zum Schreiben zur
Hand.
Es ist auch kaum in Worten wiederzugeben, dieses
Gefühl hier, meine Eindrücke in diesem Augenblick
der Ruhe
Eine kleine Blaumeise lässt sich auf einem
der unteren Zweige nieder. Sie beäugt mich
misstrauisch, scheint zu überlegen, ob sie mir und

meinem Frieden trauen kann. Ganz still verhalte
ich mich, verharre regungslos, nur um die kleine
Meise nicht zu vertreiben.
Sie wirft noch einen letzten vorsichtigen Blick
zu mir, dann fängt sie an, sich ausgiebig das
Gefieder zu putzen. Nachdem sie das erledigt
hat, streckt sie das Brüstchen raus und ruft einen
zwitschernden Gruß in die Welt. Prompt erhält sie
aus verschiedenen Richtungen Antwort.
Ich versuche mit zusammengekniffenen Augen zu
erspähen, wo die anderen Vögel sitzen.
Ein Blick auf die Uhr holt mich wieder in den
Alltag zurück.
Zwanzig Minuten sind vorbei und ich muss diesen
idyllischen Fleck verlassen, muss wieder in blasse,
neonbeleuchtete Räume.
Doch ich bewahre mir das erfrischende Grün und
die Melodie der Meise im Herzen.
Immer wenn mir danach ist, werde ich mir diese
Bilder ins Gedächtnis rufen und mich damit über
den Tag retten.
Die kleinen, schönen Dinge sind es, die mir die
Tage versüßen.
Nie möchte ich müde werden, die Augen dafür
offen zu halten.

Vater Sturm

Heut Nacht tobt Vater Sturm ganz fürchterlich.
Er bläst mit wilder Wut über die Felder.
In Fensterläden, Bäume krallt er sich
und schüttelt sie, sein Atem kalt und kälter.

Er braust und pfeift ums Dach mit viel Gebrüll,
als wollte er der Menschen Träume stören.
Weil in der Nacht im Hause alles still,
ist umso lauter seine Wut zu hören.

Und auch die Hoffnung, dass er Schnee uns bringt,
die will er uns partout noch nicht erfüllen.
Er wütet. Hört, wie er sein Sturmlied singt
und alles tanzt jetzt nur nach seinem Willen.

Vereinzelt fällt noch Licht aus einem Fenster,
weil mancher bei dem Lärm nicht schlafen kann.
Die kleinen Kinder fürchten Nachtgespenster,
bis Schlaf sie von der Angst erlöset dann.

Ganz leise fallen noch die letzten Tropfen,
der Sturm zieht eilig in den nächsten Ort.
Ich höre noch ein leises Scheibenklopfen,
dann ist es still - denn Vater Sturm ist fort.

Die Widerspenstige

Man hat Ichnusa dich genannt,
weil Gott die Felsen ins Türkis
des Meeres mit dem Fuße stieß.
Der Fußabdruck als Form gebannt.

Da liegst du, meine zweite Heimat.
Mit   Kostbarkeiten dieser Welt,
hat Gott dies Eiland gut bestellt
und stolz blickt er auf seine Tat.

Karibikstrände, glitzernd blaues Meer,
Korkeichen schenken milde Schattenkühle.
Olivenhaine spenden edle Öle.

Auf Hügelkuppen steh'n zur Feindeswehr
Nuraghentürme trotzig und ich fühle,
du bist Zuhause mir für meine Seele.

Sardinien, Sardegna oder Ichnusa ist eine
Mittelmeerinsel unterhalb Korsikas

Die Wut des Guatavita

Es steht der Berg wohl schon Jahrzehnte still
und ganz geduldig hier an diesem Ort.
Die Wälder auf ihm sind ein sich'rer Hort,
für Tiere und auch Menschen - ein Idyll.

Bis eines Tages, aus dem fernen Land,
der Spanier jene Goldlegende hört.
Des Berges Fels mit Dynamit zerstört.
Ein großer Riss klafft nun im Kraterrand.

Es heißt im Bergsee läg ein großer Schatz,
drum gräbt der Spanier bis zum tiefsten Grund,
den Pegel rasch zu senken, dass der Fund
nun sichtbar werde auf dem Bodensatz.

Der Berg ertrug dies ruhig und würdevoll,
sah wie der Spanier Mensch und Bäume schlug,
erst als der Kratersee kaum Wasser trug,
da wurd das El Dorado ihm zu toll.

Er schüttelte sein greises Haupt gar heftig,
ein Erdrutsch rollte mit Gewalt bergab,
so mancher fand den Tod in diesem Grab,
die Macht des Guatavita, die war kräftig.

Der Kraterrand war wieder rund und schön,
der See darin in kurzer Zeit gefüllt.
Des Spaniers Gier nach Gold vorerst gestillt,
als wär' dem Berg niemals ein Leid gescheh'n.

Bis heute hat der Mensch noch nicht erkannt:
Zerstör nicht, was naturgemäß entstand!

Monsatans Paradiesäpfel
Satire

Horch was kommt von hinten rein?
Kann doch nur „Monsatan" sein!
Lässt Natur sich patentieren,
will Verbraucher irreführen.

Noch sind es nur eig'ne Marken,
wird die Lobby erst erstarken,
wird die genverseuchte Nahrung
zur alltäglichen Erfahrung.

Dann, egal wohin wir laufen,
gibts „Monsatan" nur zu kaufen!
Die althergebrachten Sorten –
ausgerottet allerorten.

Denn die Menschheit hier auf Erden
soll konzernabhängig werden.
Wer braucht denn schon gesunde Leute?
An Krankheiten verdient man heute!

Auf alles was ihr pflanzen könnt,
klebt dann „Monsatan" sein Patent.
Ja selbst die Sämlinge sind dann:
Erhältlich nur von „Monsatan".

Wenn wir den Wahnsinn nicht verhindern,
gibts Nudeln bald aus Kabelbindern.

Erntezeit

Chang sitzt in seinem alten Schaukelstuhl,
sein Haar ergraute über all die Jahre.
Nie hat als Kind er auch nur eine Schul-
bank drücken, lernen dürfen. Gott bewahre!

Nein, zum Studieren war das Geld nicht da,
das konnten sich nur gut Betuchte leisten.
Für ihn war schon seit Kindesbeinen klar:
Er würde Landwirt, so wie hier die meisten.

Er heiratete eine liebe Frau,
die ihn in allem hilfreich unterstützte.
War'n auch die Zeiten manchmal hart und rau,
es schien, als ob ein guter Stern sie schützte.

Sein Wissen über Obstanbau und Reis
hat ihm sein Vater einst in dem Vertrauen
vermacht, er würde dann mit Kraft und Fleiß
und sehr viel Ehrgeiz eine Zukunft bauen.

So vieles Herzblut hat er Jahr und Tag
vergossen für die Bäume, seine Pflanzen –
und heute, wo die Ernte, der Ertrag
sich endlich auch mal lohnt im großen Ganzen,

die harte Arbeit ihre Früchte trägt,
kommt Vater Staat, ein Angebot zu stellen,
das, wer gescheit ist, lieber nicht ausschlägt,
sonst wird posthum er zu 'nem Staatsrebellen.

Was jetzt geschieht, weiß Chang nur allzu gut.
Egal, wie sehr er hängt an Haus und Garten,
sich aufzubäumen hat er nicht den Mut.
Stattdessen wird er wie die and'ren warten,

bis Vater Staat ihn umgesiedelt hat.
Die Zukunft: Eine Wohnung mit drei Zimmern,
dort in der großen und modernen Stadt,
wo alles stinkt, der Staub und Hitzeflimmern

ihm sicherlich ganz schlimm zu schaffen macht.
Die Sicherheit, die mühsam er geschaffen,
damit im Alter - so hat er gedacht -
er nicht nach Geld und Reichtum müsste raffen,

die hat der Staat ihm eiskalt ruiniert.
Als er und seine Frau die Koffer packen,
spürt Chang, wie er den Lebensmut verliert.
Wie seine Beine ihm zusammensacken.

Gestützt von seiner Frau, pflückt er sich noch
vom alten Baum die allerletzte Birne,
hält drohend sie zum Himmel hoch, jedoch
den Fluch schluckt schon der Baulärm in der Ferne.

Wie's in der Stadt dort weitergehen soll
für ihn und seine Frau, steht in den Sternen.
Er macht sich auf den Weg, gedankenvoll:
Im Alter noch gezwungen, umzulernen.

Inspiriert durch eine Doku über Enteignungen in China

Was die Natur erzählt...

Jetzt packe ich die Gelegenheit beim Schopf, denn wenn ich jetzt zuerst putze und aufräume, ist die Sonne wieder verschwunden, ehe ich Zeit hatte einen Spaziergang zu machen. Ich lasse alles liegen und stehen und mummel mich in meine Winterjacke. Mein roter Lieblingsschal darf nicht fehlen - und ab, hinaus! Ich gehe zum Gartentor hinaus und atme tief die klare, frische Luft ein und aus.

Herrlich!

Für manche Menschen ist es Luxus, kostbaren Schmuck, teure Autos zu besitzen. Für mich ist es Luxus, aus dem Haus gehen und nach ein paar hundert Metern schon am Bach entlang laufen zu können, um die Natur zu genießen. Jetzt fällt mir erst auf, wie lange ich hier schon nicht mehr gelaufen bin.

Ein paar Bäume mussten der Renaturierung unseres Baches weichen. Dafür haben hier sowohl Reiher als auch ein Biber ein neues Zuhause gefunden. Letzterer ist leider nicht bei jedermann beliebt. Viele wollen ihn lieber heute als morgen wieder los sein, zerstört er doch die gewohnte Umgebung. Er fällt die Bäume am Bach und verursacht Überschwemmungen auf den Feldern der Bauern. Doch viele vergessen, dass der Biber auch zur Renaturierung beiträgt. Aber die Bauern und Förster wollen ihm kein Asyl gewähren, wissen nicht, was sie mit ihm anfangen sollen, wie sie ihn integrieren sollen in ihr System. Ich muss ein bisschen schmunzeln, der Biber als Migrant. Wie gut die Natur tut!

Der Weg geht immer am Bach entlang. Es
ist beruhigend ins Wasser zu schauen und zu
beobachten, wie sich die Wasserpflanzen hin-
und herwiegen. Dort schwimmt eine Ente, ein
Erpel ist es. Man erkennt ihn an den bläulich
schimmernden Flügeln. Er lässt sich von mir nicht
stören bei der Futtersuche. Komisch, er kommt
und geht, wann er will, aber an ihm stört sich
keiner, ihm wirft man sogar noch Futter zu.
Naja, er macht halt optisch mehr her.
Nicht nur der Körper tankt Kraft, nein, auch
meine Seele profitiert von den Bildern der
Natur. Hier bin ich geerdet, kann alles so schön
reflektieren. Wo bis vor kurzem nur dunkle,
kahle Äste im Wind knarzten, da sieht man
schon wieder Knospen vorwitzig sich an den
Zweigen drängeln. Die Weidenkätzchen sitzen
wahrscheinlich schon in den Startlöchern. Ja, ich
weiß, dass die noch eine Weile brauchen. Aber
alleine der Anblick der knospenden Zweige weckt
in mir eine Zuversicht und einen Frohsinn, den ich
nicht beschreiben kann.
Mir wird mit jedem Schritt leichter ums Herz.
Dort steht ein Baum, den der Wind wohl über die
Jahre in eine Richtung bog, beharrlich wächst er
über den Bachlauf und will sich nicht ergeben.
Er will leben und auch, wenn er gegen die Gewalt
des Windes ankämpfen muss, so schafft er es doch,
nicht umzukippen. Er hat seine Wurzeln fest im
Boden verankert, und nichts wird ihn so schnell
umhauen. Ich denke mir, ich sollte mir ein Beispiel
daran nehmen und mich auch öfter einmal gegen
den Wind stemmen. Das würde mich bestimmt
auch stärker machen. Es kommt mir so vor, als

hätte jeder einzelne Baum, jede Pflanze, jedes Tier für mich eine Weisheit im Gepäck. Man muss nur die Augen aufmachen und beobachten und daraus lernen.

Ein kleiner Schwarm Vögel, der sich zu einem Dreieck formiert hat, fliegt über meinem Kopf weg. Das Zwitschern ist noch eine Weile zu hören. Die Sonne malt ein Glitzern ins Wasser und die Spiegelbilder der Bäume und Gräser bekommen einen pastellfarbigen Hintergrund.

Das Wasser wirkt wie eine goldene Straße, die hier und da von einem bemoosten Stein oder einem vermodernden Baumstamm unterbrochen wird. Ich laufe an einem uralten, rechteckigen Steinquader vorbei. Er liegt dort am Wegrand, grün vom Moos, und dennoch kann man an der unteren Seite noch Einkerbungen sehen. Er muss einmal zu einem Gebäude gehört haben, zu einer Mauer. Jetzt liegt er da, irgendwie verloren so mitten in der Natur, als hätte ein Riese ihn anderthalb Kilometer weit vom Dorf entfernt hingeworfen. Ich versuche mir vorzustellen, wie viele Leute wohl schon über Jahrzehnte, vielleicht sogar Jahrhunderte an ihm vorbeigelaufen sind. Vielleicht haben sie exakt dasselbe gedacht wie ich?

Der Kiestrampelpfad verwandelt sich in einen sandigen Weg.

Ein kleines Mädchen fährt stolz auf seinem Fahrrad und lässt begeistert in einem fort die Fahrradglocke klingeln. Es ist zum Schmunzeln, weil der Weg so breit ist, dass ich gar nicht ausweichen muss und sie auch ohne Klingeln an mir vorbeikäme. Andere würden sich jetzt provoziert fühlen, aber ich weiß, es ist die pure

Freude am Klang der Fahrradglocke und an dem kleinen Stück Freiheit, die das Mädchen begeistern. Ich lächle. Ihre Eltern nicken mir freundlich zu.

Ein Stückchen weiter, noch eine Familie. Der kleine Junge plappert ohne Punkt und Komma, während die Eltern geduldig erklären. Schön, wenn man den Kleinen so viel geben kann, nur Aufmerksamkeit und Liebe bewirken schon so viel. Meine Gedanken kreisen wieder. Wenn doch alle Kinder dieser Erde so viel Liebe und Aufmerksamkeit bekommen könnten.

Vielleicht wäre diese Erde dann ein friedlicherer Ort. Ich bin überzeugt davon, dass der Mensch nicht böse geboren wird. Meine Eltern kommen mir in den Sinn – wie lange werde ich diesen Weg noch laufen können, mit dem Ziel in meinem alten Zuhause anzukommen?

Wie werden meine Töchter ihr Leben meistern? Werden sie es schaffen, auch gegen den Strom zu schwimmen, wenn es nötig ist?

Werden sie sich so leicht beeinflussen lassen wie so viele, die nicht über den Tellerrand sehen? Zumindest konnte ich ihnen den Respekt für die Mitmenschen und für die Natur und die Tiere vermitteln. „Das ist doch schon viel", denke ich so bei mir. Wenn jeder versucht in seinem Umfeld zu helfen, ein Lächeln zu schenken, ein bisschen Glück zu verteilen, ist schon viel getan.

Vorbei an Bäumen, von denen ich noch weiß, wann sie gepflanzt wurden.

Wie groß sie doch sind! Damals versuchte ich mir vorzustellen, wie es sein wird unter ihnen zu wandeln. Ich konnte mir nicht vorstellen, dass sie mir jemals Schatten spenden könnten. Und jetzt sind sie so groß, dass ich aufschauen kann und über mir die Vögel in den Zweigen wippen sehe. Mein Spaziergang neigt sich dem Ende. Ich komme der Straße immer näher. Die frische Luft wird jäh von den Abgasen vorbeifahrender Autos verpestet. Ich muss noch durch die alte Unterführung, über die die Eisenbahn hinwegrauscht und durch die nur eine schmale, gemeinsame Fahrspur für Radfahrer, Fußgänger und Autofahrer führt. Trotzdem, oder vielleicht gerade deswegen, weil es hier keine Ampel gibt und keine Vorfahrtsregelung, durchqueren alle sehr vorsichtig und rücksichtsvoll die Unterführung. Einer achtet auf den anderen und es funktioniert.

Dort steht das Haus, in dem meine Eltern wohnen. Ich bin am Ziel.
Es warten zwei lächelnde Gesichter und eine dampfende Tasse Kaffee auf mich.

Zarte Blüten

Ich habe mich im Garten hingekniet,
meinem Schmerz freien Lauf gelassen
und die Tränen in die Erde vergossen.
Ich hoffe dass die Erinnerungen an Dich
Wurzeln schlagen,
und mich für immer mit ihren zarten Blüten
trösten.

Gewidmet meiner Zia Angela
gestorben am 6.4.2020 an einem hässlichen,
unbarmherzigen Virus

Wenn sich die Wege trennen

Nun ist es Zeit für mich, ich nehme Stock und Hut.
Das Ziel hat uns so lange Zeit verbunden.
In vielen heiteren und schweren Stunden,
war das Ergebnis unsrer Mühen meistens gut.

War auch der Rhythmus, unser Schritt nicht
immer gleich,
nicht immer blumig-buntes sich Verstehen.
Will ich nicht Fehler nur bei andern sehen,
denn auch die eignen Rosen sind oft dornenreich.

So suchte hoffend ich in jedem Augenblick
zu handeln, Kompromisse auch zu finden.
Mich an den Weg der Wahrheit treu zu binden.
Trotz gutem Vorsatz ist's nicht immer mir
geglückt.

Mal täuschte mich ein fröhlich-bunter
Schmetterling
und führte mich auf völlig falsche Fährte,
dann erst als sich der Zweifel in mir mehrte,
da merkte ich das ich schon lange irre ging.

Ich fand auf meiner steten Suche nach dem Ich,
so viele Steine die den Weg verstellten.
Trotz allem, Lichter auch die ihn erhellten.
Sie schienen wie ein Stern mir warm und
freundschaftlich

Ich lasse liebe Menschen, Freunde, hier zurück
und hoffe dass sie wieder Herzen finden,
die sich noch mit dem Anspruch fest verbinden,
dass man gemeinsam ziehen muss an einem Strick.

Das Ziel steht fest es gibt für mich nun kein
Zurück
ich hinterlasse euch den Rucksack voll mit Glück.

Frieden verbreiten

Ich will es wieder spüren:
Das wohlvertraute Sehnen,
das Hoffen und das Freuen.
Wovor sich denn so scheuen?

Aus Angst vor Ungewissem?
Gerade jetzt vermissen
wir doch das Gottvertrauen,
das tief in Herzen schauen.

Lasst nicht das Dunkel siegen,
wehret dem Hass, den Kriegen!
Nehmt euch an euren Händen,
vereint euch zu Verbänden.

Bekämpft die Schwarz-Weißmacher,
die Friedenswidersacher
und zündet an die Kerzen,
ja, hört auf Eure Herzen!

Lasst Licht und Liebe fließen.
Die allergrößten Krisen
sind Politik gemacht,
von Ölmultis entfacht.

Beginnen wir im Kleinen
und trösten die, die weinen.
Lasst uns zusammen kämpfen,
um Not und Leid zu dämpfen.

Denn wer bestimmt auf Erden
wo wir geboren werden?
Versucht in diesen Zeiten
mehr Frieden zu verbreiten.

Brücken

Brücken
brauchen Ufer
nur zwei stabile Seiten
bilden eine sichere Verbindung
Frieden

Die Kraft, die in dir ruht

Hoffnung ist das Licht der Herzen,
das den Weg uns stetig weist.
Hoffnung strahlt wie helle Kerzen,
deren Licht ins Dunkel gleißt.

Daran such ich mich zu halten,
wenn die Schwermut mich erfasst,
ob der Welt der eisig kalten,
in die Mitgefühl nicht passt.

Und ich schenke Dir mein Lächeln,
weil ich denk' es macht dir Mut.
Und es sei wie ein Versprechen:

Es wird alles wieder gut!
Trau Dich nur, den Bann zu brechen,
Weck die Kraft, die in Dir ruht.

Neubeginn

Nun endlich sehe ich im Nebel Sinn,
er mündet nur in einem Neubeginn.
Der Kerzenschein wärmt unsere Gesichter,
das Haus erstrahlt im Glanz der hellen Lichter.
Verjagt die dunklen Schatten in der Nacht.
Das Zepter führt nun eine and're Macht.

Es ist viel mehr als Licht in Tannenwinden.
Der Grund, warum die Menschen sich verbinden,
ist unser Glaube an die Menschlichkeit.
Ganz deutlich spürt man ihn in dieser Zeit.
Beschwingt die Seele, Dunkelheit vergessen,
spazier' ich durch mein Dorf, mein Schritt
gemessen.

Ich trau mich wieder in die Nacht hinaus,
denn jedes Haus strahlt Licht und Wärme aus.
So liebevoll geschmückt bis in die Gauben,
von Menschen, die an Nächstenliebe glauben.
Vergangen ist die Schwermut und mein Herz-
die Augen sehen wieder himmelwärts.

Bin frohen Mutes, denn wir können stillen
den Wunsch nach Frieden und mit Gottes Willen
mit ganz viel Mitgefühl die kalten Herzen füllen.

Geflochten aus Erinnerungen

Ich hab ein bisschen Herbst gefunden
und euch daraus den Kranz gewunden.
Ich band Lavendel auch hinein,
er sollte bunt und fröhlich sein.

Ich wand auch die Erinnerungen,
die Lieder, die wir schon gesungen,
in dieses Grün, das rund und voll
euch meine Liebe zeigen soll.

Die Lampionblumen leuchten hell im Kranz.
Der Ahornbaum beginnt den Blättertanz
und ich steh hier und Wärme füllt mein Denken.

Ihr werdet alles schon zum Guten lenken.
In solchen Stunden bin ich euch so nah.
Ich hab euch lieb, Oma und Opapa.

Sogni d'oro - Träume aus Gold

Ho cercato la luce
nella notte nera, nera.
Era un angelo,
che mi ha chiamato é ha detto:
„Cosa cerchi nella notte?
Guarda dentro il tuo cuore,
é troverai sogni d'oro, di pace e speranza."

Nicht ganz wörtlich übersetzt:

Ich suchte verzweifelt ein Licht in der dunklen
Nacht,
da rief mir ein Engel zu:
„Was suchst du in der dunklen Nacht?"
Er riet mir nach innen zu sehen, in mein Herz;
und dort,
als ich die Tür meines Herzens öffnete,
fand ich ihn:

Den goldenen Traum von Frieden und Hoffnung

Sternengucker

Schau in die Sterne!
Siehst Du nicht das Schimmern?
Ein kleines Zwinkern in der Dunkelheit.
Scheint dieses kleine Licht auch noch so weit,
so ist es dennoch stark genug der Finsternis zu
trotzen.

So trage du dies kleine Licht behutsam
von Herz zu Herz,
von Seele zu Seele,
damit die Hoffnung auf Frieden nicht stirbt.

5. Kapitel

Die Farbe Blau

Blau

Federleicht

Sommerwärme streichelt meine Haut.
Federschirmchen fliegen durch die Luft.
Spatzen keckern aus ihrem schattigen Versteck der
Forsythie.
Tief einatmen –
Ruhe tanken.
Energie sammeln und mir meiner Werte wieder
bewusst werden.

Heute tue ich mir mal gut.

Dichterkontro-Verse

Es stimmt schon, dass ich schöne Worte liebe.
Ihr Klang aus deinem Mund ist wie Magie.
Du weißt, wann man sie nutzt - du weißt auch wie,
so dass ich schnell im Dichterhimmel schwebe.

Bin auf der weichen, rosa Wörterwolke.
Doch wenn du einmal ehrlich zu mir bist,
dann ist es doch nichts anderes als List.
Du mimst sie nur, den Goethe oder Rilke.

Ich hör so gerne schön gereimte Verse,
doch Vorsicht - ich bin nicht ganz so naiv!
Belügst du mich, werd' ich schnell explosiv.
Dann kommt es zwischen uns zur Kontroverse.

Ich bin trotz schöner Worte in der Lage,
ein Arschloch zu erkennen - keine Frage!

Sotto il cielo (unter dem Himmel)

Als flüsterte der Mond mir zu,
dass ich mich nur erinnern müsste,
wie's war, als mich die Liebe küsste.
Sotto il cielo - Sotto il blu

Wie er mit Worten mich umgarnte,
ein zarter Hauch an meinem Ohr,
mich bettete auf grünem Flor.
Die Weide uns vor Blicken tarnte.

Sotto il cielo - Sotto il blu
Sotto le stelle - nur ich und Du.

Nur der uralte silberne Mond
weiß, wie viel Liebe noch in mir wohnt.

Unter dem Himmel - unter dem Blau,
in einer Nacht, so milde und lau.

In tiefen Gründen...

Tief Luft holen -
alle Oberflächlichkeiten über sich lassen
Hinab in die tiefergründigen Schichten.
Abtauchen wo die wahren Schätze des Lebens
in den schönsten Farbnuancen schillern.
Zwischen friedliebenden Wesen,
die aus sanftmütigen Augen
fragend und ängstlich
auf jeden Eindringling
blicken.

Es liegt in unserer Hand
diese Schätze zu bewahren.

Neptuns Welt, die uns in andere Sphären
entführen kann.
Die die harten Rüstungsschalen, die wir uns
im Alltag zulegten,
Stück für Stück abschält,
bis wir embryogleich im Nichts
zwischen Wasserfarbenwelten und
Regenbogenfischen
staunend uns wieder finden.

Unsere Seele gleicht einer Perle
in einer Muschel

Flossenlehre

Es ist nicht immer weise
mit dem großen Fischschwarm zu schwimmen,
aber es ist auch nicht intelligenter
immer stur die Gegenrichtung einzuschlagen.

Ein Tropfen Glück

Regentropfen reisen leise
dort am Fensterglas entlang.
Eilen nicht auf ihrer Reise,
rinnen ohne Last und Drang.

Reise du, so wie der Regen,
langsam stetig und mit Rast.
Glück wird dir zum reichen Segen,
wenn zum Sinnen Zeit du hast.

Schicksal

Auf
dem Gipfel
der Glückseligkeit
bläst ein eiskalter Wind,
der dich daran erinnert,
dass du im Tal zu Hause bist.

Reichtum

Wer mit Gütern prahlt
trägt Armut im Herzen.

Stilles Wasser

Du Nixe mit den wasserblassen Augen,
weißt du um deinen zarten Zauber nicht?
Der Mond streicht dir durchs Haar mit Silberlicht,
der Wind will dich in seinen Armen wiegen.

Kannst schlank dich wie das Schilf am Ufer biegen.
Die Meerestiere buhlen sich um dich,
auch Neptun möchte dich allein für sich,
kann deinem sanften Wesen nur erliegen.

Sirenen singen dir die schönsten Lieder,
nur du alleine zweifelst an dir noch,
schwimmst trotzig nach dem hellen Lichte hoch
und kämpfst die Perlentränen tapfer nieder.

Was suchst du unter Muscheln, Algenwinden?
Such nicht!
Die Liebe wird DICH finden!

Altlasten

Weg mit den alten Hüten und den bequemen
Pantoffeln.
Lange genug habe ich den versteckten Schmutz in
den Ecken ertragen.
Jetzt habe ich die Nase voll von unter dem Teppich
Gekehrtem.
Ich möchte in einer sauberen Umgebung wohnen,
reinen Sauerstoff atmen.
Ohne giftige Abgase, die mir die Luft zum Leben
rauben.
Ich kehre jetzt das Unterste zuoberst und schmeiße
alles Überflüssige raus!
Ohne Rücksicht – ich lebe nur einmal!
Da wird man sich ja wohl aussuchen dürfen, wer
sich hier ausbreiten darf.
Nein, ich möchte keine Facebook-Freundschaft mit
dir und auch nicht mit dem Rest der ehrenwerten
Gilde.
Der Frühjahrsputz hat bei mir schon vor einiger
Zeit begonnen.
Was soll ich sagen?
Ich fühle mich von Tag zu Tag wohler in meinem
aufgeräumten Leben.

Ohne euch!

Gummiband

Nur für dich halte ich diese Heuchelei aus.
Nur für dich mache ich gute Miene zum bösen
Spiel.
Nur für dich sammle ich meine Kräfte,
um mich zu beherrschen.
„Des lieben Friedens willen"
Aber mein Seelenfrieden darbt in diesen Stunden –
und du?
Wie lange willst du es noch ertragen, bis du siehst:
Du bist ihnen nichts mehr wert?
Sie sind sich selber genug –
kein Platz für Menschlichkeit und
erst recht kein Verständnis für Unzulänglichkeiten.
In ihrer Welt,
die sie sich mit ihren Regeln perfekt machen,
hast du keinen Platz, genauso wenig wie ich.
Warum kehren wir dieser Welt nicht den Rücken
und ruhen in uns?
Weil die Verbindung, an die du dich immer noch
wie an einen Strohhalm klammerst, dich wie ein
Gummiband
immer wieder zurückschnalzen lässt.
Ich fange dich immer wieder auf,
aber nur so lange, wie ich meine Seele auffangen
kann.
Wenn meine Kraft nicht mehr reicht,
die Schutzmauern aufrecht zu erhalten,
wirst du dann für mich loslassen können?

Schubladendenken

Zuweilen sieht man oberflächlich einen
Menschen und denkt überzeugt bei sich:
„Das ist ein rechter Lump, ein Schluderich!"
Gern übersieht man die Details im Feinen.

Das Bild im Kopf hat einen festen Rahmen,
mit Farben ausgemalt ist es geschwind
verfestigt - chancenlos das Menschenkind,
doch Positives wächst nicht ohne Samen.

Die Schublade sorgfältig ausgesucht,
steht dann schon fest: Er wird dort ewig schmoren.
Ob es ein Priester oder Arsch mit Ohren,
zu widerlegen ist man nicht versucht.

Hätt einer sich die Mühe nur gemacht,
mal intensiv Fassaden zu durchdringen,
so würde es uns öfter auch gelingen,
zu sehen wie ein gutes Herz erwacht.

Bei andern Leuten sind wir wiederum
geblendet von dem schönen hellen Schein,
der suggeriert: Der Mensch muss edel sein.
Ja, manches Mal ist man doch wirklich dumm.

Orientierungslos
Satire

Seh ich in Medien dieses Drama,
agiert mein Hirn tagtäglich lahmer.
Es scheint als stünd' die Erde still
Und jeder macht nur, was er will.

Kein Frieden und kein Miteinander,
die Menschen immer ignoranter,
weil keiner es verstehen kann:
Erfolg geht man gemeinsam an.

Die Lösung heißt: Ein runder Tisch
und endlich „Butter bei die Fisch!"
Das stete „Der ist schuld..." - Gelaber
Und das: „Ich bin kein Nazi, aber..."

Ich kann es längst schon nicht mehr hör'n.
Merkt ihr, wie wir uns selbst zerstör'n?
Hört endlich auf den kleinen Mann,
der außer Worten auch was kann.

Die Lösung liegt schon lang parat,
das Leben findet menschlich statt!
Es gibt auf jeden Fall Optionen,
doch hapert es an den Millionen,

nach welchen die Konzerne gieren.
Politiker zu motivieren
gelingt scheints nur mit Pinke Pinks,
ob Mitte, Grün, Gelb oder Links.

Die brave Mutter trennt den Müll,
weil sie 'ne Zukunft haben will,
doch Amazon scherts nicht die Bohne,
der Lachkarton wird zur Ikone.

Wohl Tausende im Einkaufswahn,
was nützt uns da der Dieselplan?
Die Großen dürfen alles machen,
sie lassen es so richtig krachen.

Denn Vater Staat kümmert sich nur
Um die „Kosmetik" der Natur.
Verpackungskosten, Zölle, Steuern...
Da gäb's 'ne Menge zu erneuern.

Doch wo kein Kläger, da kein Richter.
Nur noch ein resignierter Dichter.

Eigene Meinung

Meine Ohren, meine Augen,
sind verbunden mit dem Herz.
Hören, sehen und ertragen
Ängste, Hass und tiefen Schmerz.

Meine Worte und Gedanken
greifen hoffend nach Vernunft,
suchen jene, die schon wanken,
fernzuhalten von der Zunft.

Eine Zunft gewaltgeboren,
die nur Hass sät und entzweit.
Zornig will sie Panik streuen
bis der letzte mit ihr schreit.

Leise schleicht sich allerorten
dunkle Machenschaft mit ein.
Spaltet Völker, teilt in Sorten,
wird sich am Erfolg erfreu'n.

Und ich kämpfe für den Frieden
aller Völker dieser Welt.
Ich bin nicht mit dem zufrieden,
was man mir zum Fraß hin stellt.

Die Schneekugel

Ab und zu einmal
die eigene Welt auf den Kopf stellen
und kräftig schütteln
bis es nur so flirrt und wuselt.
Einen Moment still abwarten –
wenn sich das Chaos wieder gelegt hat,
wirst du die Dinge klarer sehen
als zuvor.

Der verkannte Monat

November ist ein armer Tropf,
er schüttelt seinen Nebelschopf
und denkt: „Warum nur ist es so,
dass keiner meines Daseins froh?

Die Menschen sehen mich nur grau
und jeder Mann und jede Frau,
wollen es einfach nicht verstehen
und diesen Monat nicht begehen.

Schaff ich doch die Zeit und Räume,
zur Planung aller Weihnachtsträume.
Wenn der Dezember jetzt schon wär,
wo kämen all die Plätzchen her?

Wann die Zeit zum Kränze binden,
schnell noch ein Geschenk zu finden?
Könnten wir noch innehalten,
schöne Weihnachtssterne falten?

Es ist doch eine Gnadenfrist
bevor der Stress alle zerfrisst.
Ihr würdet hetzen immerzu,
durch mich habt ihr ein bisschen Ruh.

Genießt die kuschelige Zeit,
Die Uhr die läuft, 's ist nicht mehr weit.
Macht euch bereit fürs Weihnachtsfest,
wo man euch keine Muse lässt.

Es heißt, es wär die stille Zeit,
doch Stille ist in Wirklichkeit,
in dieser Zeit nur in der Stunde,
wenn uns erreicht die frohe Kunde:

Jesus Christ ist heut geboren,
ist vom Herrgott auserkoren,
uns zu retten hier auf Erden.
Jeder soll bescheiden werden."

November mit dem grauen Schopf,
verneigt sein Haupt, der arme Tropf.
Er breitet seine Schleier aus
und wickelt sie um Hof und Haus.

Die Schultern unterm dicken Schal,
bläst er nun alle Bäume kahl.
Doch heimlich an das Spinnennetz,
er feine Glitzertropfen setzt.

Wär gern so schmuck wie der Dezember,
oder so bunt wie der September.
Er läutet halt den Winter ein,
auch dieses will erledigt sein.

Schneeballschlacht
(System ohne Gewinn)

Du denkst du machst den riesen Fang,
kannst wie ein Zampano dich fühlen.
Du kleiner Floh mit großen Zielen
bleibst doch nur auf dem letzten Rang.

Ja, man versprach dir Macht und Geld,
hat dich als Vieltalent gepriesen,
doch hinterher hat sich erwiesen,
wie schnell der schöne Traum zerfällt.

Die Andern machen den Gewinn,
mit deinem Fleiß, deinem Bemühen.
Nur schwer kann man dem Druck entfliehen.

Wirst ewig dich im Kreise drehen,
um es dann schließlich einzusehen.
Zu spät erkennst du dann den Sinn.

Schneeflockenwunder

Eine kleine Schneeflocke fällt vom Himmel herab.
Sie ist klein und unscheinbar,
aber wenn man sie genau betrachtet,
sieht man das Wunder, das Gott an ihr vollbracht hat.

Filigran und einzigartig ist ihre Form.
So klein und unbedeutend sie auch wirken mag,
kann sie doch mit vielen anderen Schneeflocken
erreichen, dass die Erde mit einer weichen,
weißen Schicht bedeckt wird.
Und sofort wird der Lärm gedämpft –
und sofort müssen alle innehalten und
langsamer werden.

So einzigartig wie jede einzelne Schneeflocke,
so einzigartig ist auch jeder Mensch
und viele von uns zusammen können den Lärm
der Welt erträglicher machen.
Zusammen können wir es schaffen, dass die Erde ein
wärmerer, friedlicherer Ort wird.

Vorkehrungen für einen kalten Winter

Es wird kälter.
Ich packe mein Herz in eine warme Decke aus
Tagträumen
und verstecke meine Gefühle unter einem bunten
Schal aus Herbstfarben.
Nur mein wetterfester Optimismus guckt noch mit
seinem Lächeln unter der wollweichen Pudelmütze
hervor.
Er versucht ein wenig menschliche Wärme zu
transportieren,
damit die eisigen Blicke mancher eingefrorener
Seelen wieder auftauen
und die grauen Nebelbänke ihrer Gedanken mit
flüssiger Zuversicht vergoldet werden.

Aprikosenwolken

Der See liegt wie ein weißes Glitzerband
vom einem bis zum andern Uferrand.
Die Sonne lässt ihn würdig, prachtvoll glänzen.
Die Bäume still das Jenseitsufer grenzen.

Der Winter hat mit seinem Charme gemalt.
Ein Blau, ein Violett im Ast verkahlt.
Ein Horizont wie hinter Milchglasscheiben,
lässt mich in Aprikosenwolken treiben.

Mutter Natur strahlt sanft, beruhigt und spricht:
„Wo Wunder sind, entspringt auch Zuversicht!"

Winter Wanted

Wer hat den Winter nur verjagt?
Den Krauterer, den alten?
Den Mantel breitet er nicht aus,
den weißen, eisigkalten.

Wo sonst die Eiskristalle krachten
und Nasen rot gefroren,
da sieht man frech sich durch die Erde
schon Frühlingsboten bohren.

Die Sonne scheint, als wär's April,
Stare und Amseln singen.
Der Winter will uns dieses Jahr
nicht eine Flocke bringen.

Er dachte sicher so bei sich:

„Ich zieh jetzt mal gen Süden,
denn hierzulande werd' ich sowieso
nur noch gemieden!
Ich flieg in Urlaub dieses Jahr,
weit weg, über die See.
Weihnachten in Amerika –
dort wünscht man sich noch Schnee!"

Er nimmt sein Schneehemd blütenweiß,
mit Kragen, eisgesteiften
und zieht sich seinen Mantel an,
den grauen, raubereiften.
Er packt in seinen Koffer ein:
Das Eis, den Schnee, die Kälte.
War hocherfreut, weil unterwegs
Frau Sturm sich zugesellte.

Nun weilt er in Amerika,
beehrt dort Land und Menschen,
wirft massenweise Schnee und Eis
und alle schrei'n: „Attännschen!"

Sternflüstern

Ein Atemhauch verwandelt sich
Kristalle glitzern in der Luft
ein Phänomen so wunderlich
sternflüsternd man die Sonne ruft

Klare Sicht

Ihr meint, alles zu wissen
und wisst es doch nicht.

Ihr meint, alles richtig zu machen
und könnt es doch nicht besser.

Ihr meint, alles zu durchschauen
und seht doch nichts.

Schaut nach oben -
ins Sternengewimmel
und erkennt

die Wahrheit.

Mein Mentor

Bist einer von den „Unbequemen",
stehst zwischen Goethe und Kaléko
auf meinem Bord, doch nicht zur Deko!
Kannst Wort in Reim und Verse zähmen.

Du lehrst mich ohne Zeigefinger,
bist konstruktiv - nie arrogant,
nimmst meine Fehler an die Hand,
erklärst mir Metrik und so Dinger.

Mein Reimen klingt jetzt nach Gedicht.
Bin vom Perfekt zwar noch entfernt,
doch hab ich viel von dir gelernt.

In deinen Worten liegt Gewicht.
Ich lese gern deine Sonette,
denn du hast Charme und Netiquette!

Gewidmet Serge D., einem Autoren,
dem ich sehr viel zu verdanken habe.

Stille - endlich

Die Nacht zieht ihren Mantel an,
ihr Schmuck sind Sternenlichter.
Der Schatten zaubert auf die Bäume
mystische Gesichter.

Ein kleiner Vogel singt sein Lied
so lieblich durch die Nacht.
Der Silbermond am Firmament
hält über allem Wacht.

Stille kehrt jetzt endlich ein,
die Seele kommt zur Ruh.
Tausend Gedanken sammeln sich,
ich mach die Augen zu.

Mein Herz schlägt ruhig und sorgenfrei,
ich lausche seinem Schlag.
Mir ist jetzt alles einerlei,
was morgen kommen mag.

Die Nacht hat ihre Melodie,
ganz zart, ganz sacht, ganz leise,
so voller Wehmut und Magie
auf wundervolle Weise.

Ich schließ die Augen und ein Traum webt
Silberfäden fein.
In tiefem Schlaf, ich merk es kaum,
tret ich ins Traumreich ein.

6. Kapitel

Die Farbe Violett

Violett

Feenlicht

Die milde Sommerluft – der Rosenduft,
erzählen dir von Märchen und von Sagen,
die dich begleiteten seit Kindertagen
und deren Zauber heut' noch nach dir ruft.

Du träumst entspannt vom zarten Feenlicht,
von Melodien, sanften Harfenweisen.
Du lässt Gedanken in die Ferne reisen,
dein Wünscheschiff der guten Hoffnung sticht

in See. Du fährst im großen Ozean
der Fantasie, der tot geglaubten Wunder.
Du suchst sie, so wie Hermia Lysander,
doch Glücksmomente kommen nicht nach Plan.

Als Ankerplatz dien dir ein Blumenmeer,
nun tauch die Seele ein in bunte Farben
und weck die Träume, die im Alltag starben.
Wer soll dich am Erfüllen hindern? Wer?

Mistral

Anouk, spürst du ihn?
Spürst du den Wind der Veränderung?
Er wühlt sanft in deinen Haaren,
er schiebt dich mit einem Luftstoß von hinten
an und flüstert:
Komm, komm weg von hier!
Hab Mut Anouk!
Lass das Häschen in dir wachsen,
verwandle es in einen Löwen.
Brüll heraus, was dir nicht gefällt!
Lass dich nicht zähmen!
Flieg Anouk, flieg mit dem Wind
und sei frei!

Verändere nicht dich, sondern deinen Kurs.

Inspiriert vom Buch „Chocolat" Autorin: Joanne
Harris

Verträumtes

Sanft klingen unsre Lieder,
versteckt im Sommerflieder
und Träume kehren wieder

tief in dein Herz.

Leise, leise, leise,
hörst du die zarte Weise,
sie schickt dich auf die Reise

nach himmelwärts.

Ein Sing Sang voller Freude,
dort schimmern in der Weide
die Flügel zart wie Seide,

türkis und blau.

Sei stille nun und höre
und alles, was dich störe
vergiss – ein Duft betöre

die Sinne dir.

Vergiss doch deine Sorgen,
es ist noch lang bis morgen,
fühl dich bei uns geborgen

im Träumeland.

Wir bauschen dir ein Kissen
mit tausend weichen Küssen
und Sternen dir zu Füßen

vom Mond gesandt.

Und bist du dann erwacht,
verwundert hast gedacht,
wer über dich gewacht,

ist es vorbei.

Wer war's? - Die Elfenmeute!
Und mit dem Turmgeläute
suchten wir schnell das Weite

flugs - eins zwei drei!

Bilanz eines Patienten

Sonst kannte jeder Arzt seinen Patient.
Vom Uropa bis Enkel, auch die Tante
Kein Einz'ger den er nicht mit Namen nannte.
Nun heute arbeitet man effizient!

Als erstes öffnete man weit den Mund,
auch sah er mit der Leuchte in die Ohren.
So machten sie das früher, die Doktoren,
das Stethoskop tat ihm den Herzschlag kund.

Heut tippt der Arzt nur stur in den Computer,
fährt mit der Mouse mal eben Autoscooter,
hält den Patient auf sicherer Distanz.

Die Diagnosen stellt er aus der Ferne,
denn Hand anlegen tut er nicht mehr gerne,
das Wichtigste ist schließlich die Bilanz!

Beim alten Dorfschamanen

Das Zelt verdunkelt, Rauch steht in der Luft.
In einem Singsang längst vergess'ner Zeiten,
lässt der Schaman' sich ins Delirium gleiten,
hebt seine Stimme, die die Ahnen ruft.

Sein Wissen über Kräuter und Natur,
gepaart mit dem Kontakt zu großen Geistern
lässt immer mehr der Kranken sich begeistern,
sich auszusetzen seiner Heilungskur.

Denn was der Facharzt am Computer macht,
ohne ein einziges Mal Handauflegen,
lässt einige letztendlich überlegen,

ob seine Diagnose was vollbracht?
Doch des Schamanen Ruf: „Kranke zu heilen",
lässt dieser Tage alle zu ihm eilen.

Behalte deine Schatten

Du saugst
und saugst
und saugst
an meiner Kraft

Gleich hast du es
gleich hast du es
geschafft.

Ich spür
ich spür
ich spür
die Energie

die negative Schwingung
stark wie nie

Ich fühl
ich fühl
ich fühl
mich richtig schlapp

Er reißt
er reißt
er reißt mir wirklich ab

Der Faden der Geduld
er ist gekappt!

Geh weg
geh weg
geh weg – lass mich in Ruh!

Ich hör deinem Gezeter nicht mehr zu!

Ich wende meinen Blick ganz tief nach innen,
um positive Kraft neu zu gewinnen

Mich Frohnatur lässt Du niemals ermatten!
Ich blende Dich mit Sonne
und tanz' auf deinem Schatten!

Ein Fleck auf meinem Herz

Du projizierst dein Negatives
auf mein helles Positiv,
Geister die ich niemals rief,
Tränen, Schuld und Aggressives.

Bist so verirrt in den Gedanken,
dass jeder dir nur Böses will
und mauerst, brodelst lange still,
bis du entgleist – sprengst alle Schranken.

Das Feindbild, das du dir kreiertest,
passt nicht auf mich – nehm' ich nicht an.
Du tätest wirklich besser dran,
wenn du dich selber reflektiertest.

Ich hab' mein Herz vor dir entführt,
dahin wo Wärme es berührt.

Der falsche Weg

So sehr mein Herz auch bluten mag,
ich kann nicht überwinden
den Schmerz – ich spür es jeden Tag:
Uns kann nichts mehr verbinden.

Wenn nur noch harte Bitterkeit
und purer Neid dich leiten,
ist für Vergebung keine Zeit,
viel lieber willst du streiten.

Wie blind macht diese Eigensucht?
Wie eisern die Gedanken?
Du siehst nicht links noch rechts der Schlucht,
spürst nicht die Seele kranken.

Du läufst nur stur geradezu,
die Lichtung gleich daneben,
die siehst du nicht und merkst es nicht:
Versöhnung heißt Vergeben.

Fromm

Was nützt uns
der ganze Glaube an Gott,
wenn wir darüber vergessen
menschlich zu sein.

Das kleine Edelweiß

Ein kleines Edelweiß zwischen den Seiten.
Ich habe es entdeckt und aufbewahrt.
Wann wurde es gepflückt in welchen Zeiten?
War eure Liebe da noch jung und zart?

Ich kann dich leider heute nicht mehr fragen,
wie's dazu kam, warum du's aufgehoben,
doch werde ich es stets in Ehren tragen,
zwischen Gesangbuchseiten eingeschoben.

Es war dein letztes Eigentum auf Erden,
nun bist im Himmel du, das Büchlein hier.
Es soll ein Stück Erinnerung mir bergen,
auf meinem Nachttisch steht es nun zur Zier.

Manchmal da nehme ich's zur Hand
und blättere die Seiten in Gedanken,
wo ich das Edelweisschen liegen fand,
will so wie du dem Herr Gott danken.

Verblasst

Du stehst vor mir, der Glanz vergang'ner Zeit
umgibt nicht mehr dein elegantes Wesen.
Dereinst voll Sanftmut und Bescheidenheit,
wirkst du auf mich nun wie ein Hexenbesen.

Um deine Lippen dieser bitt're Zug,
ist dominant dir ins Gesicht gegraben.
Kein Sonnenschein, den sonst dein Lachen trug.
Wer mag ihn dir wohl weggenommen haben?

In deinen Augen kalte Arroganz,
schaust du mich an und wähnst dich als Gewinner,
als du mir sagst: „Na, früher warst du dünner!"
Und hinter dieser schnöden Ignoranz

verblasst Erinnerung zu grauem Leben.
Ich lächle mild und lasse dich entschweben.

Geisterhaus

Ich habe uns ein Haus gebaut.
Ich habe es gemütlich eingerichtet.
Ich habe uns ein Feuer im Kamin gemacht,
damit es uns wärmt und die Kälte vertreibt.
Ich habe viele Kerzen angezündet,
um die Dunkelheit zu vertreiben.
Ich habe alles mit dir geteilt, damit du
dich bei mir wie zu Hause fühlst.

Doch du hast in deinem Jähzorn Steine in die
Fenster geworfen,
das Licht gelöscht und die Kälte hereingelassen.
Du hast alles genommen und bist hinaus gegangen.

Jetzt, wo du alles zerstört hast,
findest du den Weg nicht mehr zurück,
kannst es nicht mehr ungeschehen machen.

Und ich –

stehe vor der Ruine

Grüne Tinte

Beurteile mich nicht nach diesen Zeichen,
die filigran verzieren meine Haut.
Sie sind mir bis ins Blut so stark vertraut,
du kannst sie nicht aus meinem Leben streichen.

Sie sind ein Teil von mir, im Fluss der Zeiten.
Ein Wünschemanifest mir eingeprägt.
Gleich einem Schild, das man zum Schutze trägt,
um meine Wege positiv zu leiten.

Sag nicht, ich soll mich heute dafür schämen,
Vielmehr solltest Du deinen Drang bezähmen,
zu deuten, was der Laie nicht erkennt.

Die Zeichen sind Dir mystisch oder fremd?
Die grüne Tinte, die dein Auge quält,
ist nur der Plan, vom Schöpfer mir erwählt.

Erklärung:
Bis zum zwanzigsten Jahrhundert waren bei den
Berberfrauen in Tunesien traditionelle blau-grüne
Tätowierungen kulturell verankert.
Die Berber glaubten an deren heilende und
schützende Kräfte.
Eine Frau ohne Tätowierungen bekam keinen
Mann.
Die Motive der Tattoos, die man auch
auf Kopftüchern, Teppichen und in
Häuserverzierungen wieder findet, sind Symbole
für Schutz, Fruchtbarkeit und der Verbundenheit
zur Natur.
Vorgezeichnete Motive, wie Palmblätter, Frösche,
Fische usw., wurden mit einer blauen, aus der

Indigopflanze gewonnenen Farbe gestochen. Anschließend wurden die Stellen mit einer Pflanze eingerieben, die einen grünen Farbstoff beinhaltet. Heute sind in den Städten tätowierte Frauen verpönt. Es heißt, sie hätten den von Allah gegebenen Körper verschandelt.

Die Frauen im Süden Tunesiens tragen ihre Tattoos voller Stolz und ihre Augen leuchten, wenn sie von dem Tag erzählen, als sie das erste Mal mit den neuen Verzierungen ihrem künftigen Mann gegenübertraten.

Auch heute würden sie sich niemals die Tätowierungen entfernen lassen, weil sie zu ihrem Leben gehören und ihre Liebe besiegeln und weil sie sie schön finden.

Makellos

Du stehst mit durchgedrücktem Rücken,
ganz schnurgerade - selbstbewusst.
Dich schien noch nie ein Leid zu drücken,
wie Aphrodite - schaumgeküsst.

Dein Angesicht hat Elfenzüge,
selbst deine Nase ist perfekt.
Was mahnt mich, dass der Anblick trüge?
Dass hinterm schönen Schein versteckt

doch laure irgendwo ein Makel?
Mir ist vor deinem stolzen Bild,
als ob Medusas Haartentakel
im Untergrund sich schlängeln wild.

Nein, irgendwas gefällt mir an dir nicht:
In deinen Augen fehlt ein warmes Licht!

Lästiger Besuch

Da ist sie wieder, oh wie ich sie hasse!
Sie drückt mich nieder ehe ich's erfasse.
Sie kommt seit jeher einfach so vorbei.
Sie meldet sich nie an, sie ist so frei.

Dass ihre schlechten Launen mich nur stören,
das tut sie selbstverständlich überhören.
Sie dringt in meine Welt ganz ungefragt
und hab ich sie mit Müh' und Not verjagt,

dann macht sie das in keinem Falle bange.
Die Ruhezeit vor ihr hält nie sehr lange.
Schon bald verbreitet sie Melancholie.

Doch unterkriegen lasse ich mich nie!
Ich weiß, wenn ich mein Herz vor ihr verschließe,
dass ich Frau Depression damit verdrieße.

Herbstmelancholie

Was nützen mir die bunten Blätter all,
wenn tief in mir alles zu Eis gefriert.
Befinde mich im freien, tiefen Fall,
während mein Herz die Hoffnung mehr und mehr
verliert.

Die Sonne scheint und alle Farben leuchten.
Allein sie scheint nicht in mein Herz hinein,
als ob die schwarzen Krähen sie verscheuchten,
als ließen sie mich nicht mehr fröhlich sein.

Schwermütig legt sich Nebel auf Gedanken,
versperrt die Sicht auf neues Ufer mir.
Mein hoffnungsstarkes Ich gerät ins Wanken,
mein frohes Herz führt Trübsinn im Visier.

Es ist jetzt alles still und nichts bewegt mich,
ich höre in mich, und trotz allem Lauschen,
bin ich nicht schlauer, geht mir auf kein Licht.
Ich seh den Wind am Himmel Wolken bauschen.

Vielleicht drohe ich einfach auszubrennen,
vielleicht steht mir der Sinn jetzt einfach nicht
danach, die Pracht poetisch zu benennen.
Ich warte, bis ein Licht mein Dunkel bricht.

Allein das Wissen um die schönen Tage
vermag mich endlich tröstend noch zu stärken,
bis ohne Schneckenhäuschen ich mich wage
mit frischen Kräften auf zu neuen Werken.

Die Zeit hat es sehr eilig dieser Tage.
Nicht jeder fühlt sich heute in der Lage,
da mitzuhalten, kommt schnell aus der Waage.

Die Kronenapotheke

Das gold'ne Apothekenschild glänzt stolz.
Vom Bordstein führen ein paar flache Stufen
hinauf zur Eingangstür aus dunklem Holz.
Beim Eintreten hört man die Glocke rufen.

Steht man in diesem altehrwürd'gen Raum,
sieht staunend man all die antiken Schätze.
Man fühlt sich wie in einem schönen Traum;
die Zeit steht still, vorbei ist jede Hetze.

Dunkle Regale, hölzern, bergen hier
wohl an die hundert Flaschen, die beschriftet.
In Schreibschrift liest man, welches Elixier
sich dort in jeder Einzelnen befindet.

Ganz stilvoll die Bezeichnung in Latein.
Der Charme, der Stil nimmt einen gleich gefangen.
Ich wusste gleich: hier will ich Kunde sein,
wenn Plagen einmal Linderung verlangen.

Das erste Mal als ich mein Leid geklagt,
stand hier ein Herr mit weißem Haar und grüßte
mich freundlich, er war damals schon betagt,
doch voller Güte, die mir Mut einflößte.

Immer verständnisvoll und mit Respekt
hat er, schon als ich jung war, mich beraten
und in die Medizinen was gesteckt,
glaub' ich, dass sie nochmal so gut mir taten.

Die Apotheke war in unsrer Stadt
mit keiner and'ren jemals zu vergleichen
und als der Sohn sie übernommen hat,
da konnt' auch ihm das Wasser niemand reichen.

Auch er ein feiner Mensch mit viel Gefühl,
der seine Kundschaft liebevoll betreute.
Der Kunden Wohlsein war sein stetes Ziel,
sein Personal nur kompetente Leute.
Er war sehr freundlich, hilfsbereit, bemüht.
Es gibt sie nur noch selten, solche Menschen.
Und liest man dann, dass in der Zeitung steht:
„ ...bedauern wir zutiefst den Tod, den raschen...“

So kommt es, dass im Kern der alten Stadt
man ein Stück Wärme, manchen guten Rat
und einen lieben Menschen mehr verloren hat.

Tristesse

Ich bin so müde
die Kraft ist aufgebraucht,
Gedanken wollen schlafen,
die Seele abgetaucht.
Im Meer der Gleichmut liegt ihr Hafen.

Träume ankern fest dort unten.
Oben lass' mein Boot ich treiben.
Die Tristesse dreht ihre Runden,
will mein Herz sich einverleiben.

So hab' ich mich ergeben,
will einfach nicht mehr kämpfen.
Nur noch Gedanken weben,
das Laut zum Leise dämpfen.

Und endlich in der Stille,
gewinn' ich neuen Mut,
wächst wieder neu mein Wille.
Es wird schon wieder gut.

Vom süßen Schmerz

Den Blick im Buch, auf Zeilen, die verschwimmen.
Da! Eine Träne fällt mir aufs Papier.
Was soll das jetzt und was geschieht mit mir?
Es ist ein Buch! Fang ich jetzt an zu spinnen?

Geschichten die von Sehnsucht mir erzählen,
verweben sich zu einem alten Lied,
ein Lied vom Schmerz, der sanft und stetig zieht,
den weichen Kern beginnt, heraus zu schälen.

Es ist wie Morgentau und Sternenregen,
wie Honigblüten oder Rosenbalm.
Ein Wort geflüstert, wie ein Liebespsalm
und meine Seele will sich träumen legen.

Es gibt nicht viele der bewundernswerten Sorte,
von Zauberern der starken, tiefen Worte.

Kleines Wunder

Immer wenn mich Zweifel plagen,
ob es dich oh Herr Gott gibt
und mich quälen viele Fragen,
ob du wirklich uns geliebt.

Schickst du mir ein kleines Wunder,
das mich wieder glauben lässt,
auf die Erde dann hinunter,
machst den Anker wieder fest.

Du schickst es just in dem Moment,
ganz still und ganz verborgen,
wo Unglück dann ganz vehement
uns bringt in große Sorgen.

Auf einmal sehe ich ganz klar,
das Unglück musst ich leiden,
weil es ein Teil des Planes war
ins Glück mich dann zu leiten.

Steine, die mir den Weg verstellt,
mir jetzt als Treppe dienen.
Das Glück hat sich zu mir gesellt,
weil du mir bist erschienen.

Ich sehe, wie die Mühlen dein
doch wieder stetig mahlen.
Ich muss nur voll Vertrauen sein,
du wirst gerecht verfahren.

Voll Hoffnung kann ich dir vertrauen,
im Glauben an dich fest.
Mit frischem Mut nach vorne schauen,
weil du mich nie verlässt.

Zaubertrick

Ich weiß es – nur ein zarter Kuss,
ein liebes Wort ins Ohr geflüstert
und alle Zärtlichkeit erwacht
aus dem langen Dornröschenschlaf.

Die alte tiefe Zuneigung,
versteckt zwischen den Dornen des Alltags –
befreit und wachgeküsst.

Unsere Liebe wird wieder blühen und prächtige
Blüten tragen.
Es werden Rosenblätter auf uns regnen,
die den Duft der Leidenschaft verströmen.

Warte nur einen Augenblick mein Prinz –
Ich gehe nur kurz den Zaubertrank holen.

Das Wissen der Sterne

Am Himmelszelt bewegt sich was,
ich sehe etwas zwinkern, strahlen,
dort zwischen Sternenendloszahlen,
dort, zwischen mondgeschliff'nem Strass.

Es ist ein ganz besond'rer Stern,
viel heller glänzt er als die andern.
Ich sah ihn nie Milchstraßenwandern,
es scheint, er blickt herab von fern.

Geradeso als ob er sucht –
etwa bei uns? Hier auf der Erde?
Glaubt er, dass er hier fündig werde?
Auf dieser Welt, die längst verflucht?

Was gibt es hier noch zu entdecken?
Gleich wird er noch das Kindlein wecken.
„Messias" soll der Kleine sein.

Soll uns befrei'n von allen Übeln,
– Jetzt komm ich allerdings ins Grübeln:
Dies kleine Kindchen? Kann das sein?

Raureife Hoffnung

Zwischen den Jahren
Zeit läuft gebremster,
seh ich Gespenster
zwischen den Jahren.

Meine Gedanken
spielen den Ernstfall,
ahnen den Endknall,
meine Gedanken.

Ich schieb die Sorgen
ganz schnell beiseite,
außer Reichweite
schieb ich die Sorgen.

Was wird wohl morgen,
werden wir's schaffen
uns aufzuraffen?
Was wird wohl morgen?

Das Schicksal zu wenden
fehlen noch Taten,
lasst uns jetzt starten
das Schicksal zu wenden!

Unter dem Nebel liegt schon das Glück,
raureife Hoffnung im eisigen Blick.

Inhalt

2. Kapitel

3. Kapitel
Die Farbe Rot **60**

4. Kapitel
Die Farbe Grün **92**

5. Kapitel
Die Farbe Blau 124

6. Kapitel
Die Farbe Violett   154